Helene Pflugshaupt

Peter Killer
Hans Suter

Helene Pflugshaupt

Stämpfli

In der Stille. Ohne Datum. 77 x 52 cm. Öl auf Leinwand

Inhalt

- 7 Vorwort
- 9 Dank
- 11 Biographisches
- 13 Peter Killer: Erdnah und immateriell, verankert und schwebend zugleich
- 29 Hans Suter: Ein langes, erfülltes Künstlerinnenleben
- 43 Aufzeichnungen aus Tagebüchern
- 52 Aus Briefen der Künstlerin
- 59 Gedanken und Zitate von Helene Pflugshaupt, gesammelt und notiert von Hans Suter
- 159 Verzeichnis der Gemälde und Zeichnungen
- 159 Fotonachweis
- 160 Impressum

Für Marlis

Vorwort

Helene Pflugshaupt-Huber war eine Persönlichkeit mit einer besonderen Spannweite. Dies äusserte sich in einer scheinbaren Polarität: klein von Statur – gross in der Ausstrahlung; von grazilem Körperbau – mit tatkräftiger Lebensführung; fest auf dem Boden stehend – zugleich frei und beschwingt; diesseitig verankert – jenseitig gerichtet; zurückhaltend und bescheiden, was sie selbst betraf – offen und grossherzig andern gegenüber; erfrischend spontan – bedächtig, überlegt und immer wieder abwägend in der Arbeitsweise; heiter und mit feinem Humor – und doch stets erfüllt von einer tiefen Ernsthaftigkeit.

Die Werke von Helene Pflugshaupt stimmen mit ihrem Wesen überein. Sie bevorzugt reine Farben und beschränkt sich in jedem Bild auf einige wenige, sie strebt nach Harmonie in Form, Farbe und Komposition. So schuf sie Gemälde von einprägsamer Schlichtheit, Dichte und Intensität.

Die Künstlerin hatte die Gnade, fast ein ganzes Jahrhundert durchleben und bis zum Tod geistig rege, klar und tätig bleiben zu dürfen. An den schönen Gestaden des Thunersees erblühte da in aller Stille ein umfangreiches, bisher wenig bekanntes schöpferisches Lebenswerk.

Das technische Rüstzeug erwarb sich Helene Pflugshaupt mitten im ersten Weltkrieg in München, in einem für sie langweiligen, damals aber noch üblichen akademischen Zeichenunterricht. Zur Farbe fand sie dann selbst: vor den Gemälden der Renaissancemaler in Florenz und Rom.

Obschon die Malerin unbeirrbar ihren früh erkannten eigenen Weg beschritt, lassen sich doch in ihren Werken meines Erachtens einerseits ein Anliegen der Expressionisten – das Ringen um neue Ausdrucksformen – und andererseits das Bedürfnis nach Ruhe und Ordnung der Zeit nach dem ersten Weltkrieg deutlich erkennen.

Eine der Künstlerin wohl kaum bewusste nahe Wesensverwandtschaft scheint bemerkenswert: Wie die um 17 Jahre ältere Paula Modersohn-Becker behauptete sie sich ebenso kühn und beharrlich als Frau in einem damals noch fast ausschliesslichen Männerberuf; bei beiden steht der Mensch im Mittelpunkt des künstlerischen Schaffens; beide suchten eine neue, persönliche Formensprache, die in möglichster Vereinfachung das Wesentliche betont; beide geben den Wesenskern, die Anmut und die Würde der dargestellten Menschen wieder.

Parallel zur rasanten technischen Entwicklung im 20. Jahrhundert mit vorher nicht für möglich gehaltenen Auswirkungen hat sich die Kunst wie nie zuvor verändert. Helene Pflugshaupts Kunst ruht einem Felsen gleich mitten in der Brandung des Kunstgeschehens. Und auf diesem Felsen steht ein Leuchtturm, dessen Licht weithin zu zünden und zu wärmen vermag.

Hans Suter

Italien!
(Porto Venere)
Ohne Datum
70 x 70 cm
Öl auf Leinwand

< Berganemonen
(mit Widmung für H.S.: Zartheit
der Seele geht Hand in Hand
mit der Zartheit der Blumen)
1932
36,5 x 34 cm
Aquarell und Farbstift

Dank

Die vorliegende Monographie hätte ohne die Hilfe von Verwandten der Künstlerin, Hella, Theo und Helga Huber, und von Freunden der Malerin nicht verwirklicht werden können. Ihnen allen danke ich herzlich.

Peter Killer danke ich für die vortreffliche Würdigung des künstlerischen Schaffens von Helene Pflugshaupt.

Die Form und Aufmachung des Kunstbandes zeigt die Handschrift eines begnadeten Buchgestalters: Eugen Götz-Gee. Ihm danke ich für seinen Ideenreichtum und die sorgsame Buchgestaltung. In diesen Dank schliesse ich Franziska Walter ein.

Charles Baum, dem Leiter der Firma Henzi AG, Bern, und seinen Mitarbeitern gebührt meine hohe Anerkennung für die originalgetreuen Bildreproduktionen. Armin Gerber und den Angestellten der Gerber Druck AG, Steffisburg, Ursula Berger, Hans Schläfli und Andreas Reusser danke ich für den sorgfältigen Satz und den tadellosen Druck der Monographie, der Firma Schlatter AG, Bern, für die ausgezeichnete Buchbinderarbeit und der Westiform AG, Niederwangen, für die formschönen Plexiglasschuber der Vorzugsausgabe. Meinen Dank richte ich weiter an die Lektoren, Dr. Bendicht Friedli und Dr. Dominik Müller, an Dr. Michael Stettler für seine Beratung sowie an Dr. Rudolf Stämpfli und Ursula Merz für die verlegerische Betreuung.

Ich danke allen Leihgebern von Bildern und der Kunstkommission Steffisburg für die Durchführung der Gedächtnisausstellung vom 26. Februar bis 27. März 1994 zum 100. Geburtstag von Helene Pflugshaupt.

Für Gönnerbeiträge
spreche ich meinen besten Dank aus:

Pro Helvetia Schweizer Kulturstiftung
Einwohnergemeinde Thun
Einwohnergemeinde Steffisburg
Martha Arbenz, Hilterfingen
Drs. Werner und Giulia Bähler, Steffisburg
Charles Baum, Sugiez

Hans Fankhauser, Amsoldingen
Dr. Georg und Jacqueline Frank, Thun
Dr. Bendicht und Linette Friedli, Unterseen
Galderma S.A. (Suisse), Cham
Peter Gattiker, Ostermundigen
Gerber Käse AG, Thun
Glaxo AG, Schönbühl/Bern
Leni Grob, Bern
Hermal c/o E. Merck (Schweiz) AG, Zürich
Niklaus und Ewald Imfeld, Niederwangen
Janssen Pharmaceutica AG, Baar
Adrian Krenger, Bern
Loeb Holding AG, Bern
Radio Moser AG, Thun
Permamed AG, Basel
Markus Probst, Thun
Roche Pharma (Schweiz) AG, Basel

Sandoz-Wander AG, Bern
Christa Schlunk, Pforzheim
Schweizerische Bankgesellschaft, Thun
Schweizerischer Bankverein, Thun
Spar+Leihkasse Steffisburg
Spirig AG, Egerkingen
Hans-Georg Spörri, Liebefeld-Bern
Dr. Rudolf Stämpfli, Bern
Dr. Michael Stettler, Steffisburg
Modehaus Thomi AG, Thun
Gerhard Thöni, Thun
Rose Ueltschi, Thun
Verein «Freunde des Kunstmuseums Thun»
Wolfgang und Maja Wassmer, Fahrni
Westiform AG, Niederwangen-Bern
Dr. Thomas und Christa Zaugg, Steffisburg
und ungenannt bleibenden Gönnern

Fahrni, im Februar 1994

Mein grösster Dank geht an meine Frau Marlis. Sie war mir eine unermüdliche Hilfe bei der Aufarbeitung des Oeuvres von Helene Pflugshaupt.

Hans Suter

Biographisches

1894	geboren in Bern
–1910	Kindheit in Bern, Besuch der Primar- und der Sekundarschule
1910	Privatunterricht bei der Malerin Adèle Lilljeqvist in Bern
1911–1912	in der Kunstschule von Prof. Theodor Volmar im Kunstmuseum Bern: Landschafts- und Porträtzeichnen
1912–1913	in einem Privatinstitut in Lugano (Tessin)
1914	in der Malschule von Ernst Linck, Bern: Kopfzeichnen
1915	Aufnahme in die Gesellschaft Schweizerischer Malerinnen, Bildhauerinnen und Kunstgewerblerinnen
1916–1917	zwei Semester Kopf- und Aktzeichnen im Privatatelier von Simon Hollósy, Professor an der Kunstakademie München
1917–1926	freischaffend in Bern
1917	Eintritt in die Anthroposophische Gesellschaft der Schweiz
1919	vierteljähriger Aufenthalt in Florenz; autodidaktische Weiterbildung vor den Gemälden der Renaissancemaler
1925	vierteljähriger Studienaufenthalt in Rom
1926	Heirat mit Walter Pflugshaupt, Lehrer an der Rudolf-Steiner-Schule in Basel
1928	Unfalltod des Ehegatten
1926–1929	Stellvertretungen an der Rudolf-Steiner-Schule in Basel
1930–1936	Malerin in Oberhofen am Thunersee
1936–1959	in eigenem Holzhaus in Faulensee am Thunersee; widmet sich Dorfkindern, leitet sie an im Zeichnen, Malen, Gestalten usw.
1959–1991	Malerin in Thun
1965	Wandgemälde im Schönau-Schulhaus Thun
1974/1979	Jubiläumsschauen an der Weihnachtsausstellung von Künstlerinnen und Künstlern der Region Thun im Kunstmuseum Thun
1984	Jubiläumsausstellung zum 90. Geburtstag im Kunstmuseum Thun
1985	Ehrenmitgliedschaft der Gesellschaft Schweizerischer Malerinnen, Bildhauerinnen und Kunstgewerblerinnen
1991	gestorben in Thun
1994	Retrospektive des künstlerischen Schaffens in Steffisburg zum 100. Geburtstag der Malerin, veranstaltet von der Kunstkommission Steffisburg
	Herausgabe der vorliegenden Monographie, in der alle Gemälde der Gedächtnisausstellung von 1994 abgebildet sind

Künstlerbildnis
1945
92×60 cm
Öl auf Pavatex

Peter Killer **Erdnah und immateriell, verankert und schwebend zugleich**

Helene Pflugshaupt-Huber wurde 1894 in Bern geboren und starb 1991 hochbetagt in Thun. Sie hatte das Glück, dass sie die Schwelle von der Adoleszenz zum Erwachsenenleben in den bewegten Jahren um 1913 überschreiten konnte, also zu jener Zeit, in der die Kunst der alten Welt erschüttert, ja geradezu neu erfunden worden ist. Wieviel von den revolutionären Ereignissen sie mitbekommen hat, wissen wir nicht genau. Abgesehen davon dürfte die charaktervolle junge Künstlerin nicht willens gewesen sein, sich einfach von den Strömungen der Zeit mittragen zu lassen: sie wusste genau, dass sie ihren eigenen Weg gehen musste. Dass sie aber dem Werden der neuen Kunst offen begegnet ist, beweist ihr Gesamtschaffen. Die neuen Freiheiten, die sich die Kunst anfangs der zehner Jahre erobert hatte, öffneten ihr ein geistiges Feld, auf dem sie ihre eigenen Kreationen verwirklichen konnte.

HP., zirka 1922

Es wäre allerdings unsinnig, der Gnade der günstig gelegenen Geburtsstunde allzuviel Bedeutung zuzumessen. Diese Gnade kam z.B. auch der neun Jahre älteren Hanni Bay zuteil, die als junge Frau die Chance hatte, von 1906 bis 1908 Schülerin von Cuno Amiet zu sein, also in Amiets fruchtbarster Zeit, in der er gebeten wurde, Mitglied der avantgardistischen Künstlervereinigung «Die Brücke» zu werden. Nach dem Studienaufenthalt auf der Oschwand zog Hanni Bay nach Paris weiter, wo sie mit grossen Persönlichkeiten wie Denis, Bonnard, Vuillard, Vallotton u.a. in Kontakt kam. Diese glückliche kulturelle Konstellation hatte aber leider kaum längerfristige Auswirkungen auf ihr Schaffen: die Persönlichkeit, die hinter den Bildern stand, erwies sich immer als origineller als die von ihr geschaffenen Bilder.

Das Kunstmuseum Bern hat sich 1988 intensiv mit der Berner Kunstszene von 1910 bis 1920 auseinandergesetzt. Die Ausstellung «Der sanfte Trug des Berner Milieus» (der Titel war einer Tagebucheintragung Paul Klees entliehen) zeigte einen erstaunlichen Reichtum an künstlerischen Äusserungen auf und machte ebenso deutlich klar, wie einsam die Künstler und Künstlerinnen waren, wie wenig sie voneinander Notiz nahmen und wie selten sie nach aussen horchten. Zu den erstaunlichsten Dokumenten der damaligen Zeit gehört für mich Hanni Brüggers im April 1913 aufgenommene Photographie, die Arnold Brügger und Otto Morach in der Pariser Atelierwohnung ihres Freundes Fritz Baumann zeigt. An den Wänden finden wir null und nichts, das auf Kontakte mit der revolutionären Pariser Szene verweisen würde. Aufgehängt waren Reproduktionen nach Hodler, Michelangelo und Dürer!

In Helene Pflugshaupts Frühwerk kann ich keine direkten Einflüsse der zeitgenössischen neuen Kunst nachweisen, aber ich glaube zu spüren, dass diese Künstlerin für den damaligen Weltgeist, für die überall wirksame Umbruchstimmung offen war. Was das Bürgertum noch als revolu-

Selbstbildnis
1922
60 x 50 cm
Öl auf Karton

Allee in München
Mai 1916
17 x 12 cm
Tusche

< Herbstlicht
Ohne Datum
50 x 35 cm
Aquarell

tionär empfand – etwa den Impressionismus – hatte sie bewusstseinsmässig bereits weit hinter sich gelassen.

Kurz bevor die junge Künstlerin nach München aufbricht, erscheint Kandinskys grundlegende Schrift «Über das Geistige in der Kunst», ein Plädoyer für die Freiheit des Künstlers und für eine Kunst der «Inneren Notwendigkeit». Helene Pflugshaupt nimmt erst viel später von diesem Büchlein Kenntnis; der Begriff der konzessionslosen «inneren Notwendigkeit» prägt ihr Werk aber von Anfang bis Ende. Und in dieser Zeit beginnen die jungen Künstler auch Cézannes unterdessen berühmt ge-

Gotik ragt in den Himmel
1982
45 x 56 cm
Aquarell

wordenen Ausspruch zu verstehen: «Die Wissenden sind einfach». Intuitiv findet auch Helene Pflugshaupt den Weg zur Reduktion, zum Verzicht, zum Elementaren, Einfachen, Primitiven im besten Wortsinn. Sie wird ihm ihr Leben lang folgen. Da umgekehrt die Liebe zum Einfachen aber noch niemanden zum Wissenden macht, wird Helene Pflugshaupt zeitlebens ihren Geist und ihre Seele weiterbilden, im Dialog mit den grossen kulturellen Leistungen der Vergangenheit und Gegenwart.

In einer kurzen, handgeschriebenen Selbstbiographie skizziert sie später ihren Werdegang: «Schon mit 16 Jahren war ich entschlossen, Malerin zu werden! – Erster Privatunterricht bei Adèle Lilljeqvist und Ernst Linck in Bern. Nach Schulabschluss Besuch der Kunstschule (im Sous-Terrain des Berner Kunstmuseums) bei Professor Theodor Volmar, wo ich nur im

Knabe mit Bettlaken
1935
35 x 50 cm
Blei- und Farbstift

Bleistiftzeichnen ausgebildet wurde – und zwar nur im Landschaftszeichnen, mit vorwiegenden Baumgruppen! Als Positives jener 1½ Jahre: scharfes Beobachten; ein Abwägen der Tonwerte im Schattieren. Nach Unterbruch durch anderweitige Ausbildung, mit 21 Jahren nach München – während des ersten Weltkrieges. In das Privatatelier des Ungarn Simon Hollósy. Während total eines Jahres nur gezeichnet: Kopf und Akt, nur konstruktiv. Und mich drängte ja schon eh und je zur Farbe! Ab 23 Jahren selbstständig mich weiterbildend. Mein bester Lehrmeister war mir die italienische Renaissance.» Offensichtlich ist es ihr in München ähnlich ergangen wie 17 Jahre zuvor Paul Klee, der in sein Tagebuch notierte: «Ich sah auch (mit Recht) gar nicht ein, dass aus fleissigen Aktstunden jemals Kunst werden könne.» 1919 fährt sie für drei Monate nach

Florenz. Die zarte Farbsensibilität eines Piero della Francesca, eines Giotto, Fra Filippo Lippi und Fra Angelico berührt sie zutiefst und prägt ihr ganzes künftiges Schaffen. 1925 hält sie sich ein Vierteljahr in Rom auf. Hier beginnt die Beschäftigung mit dem plastischen Gestalten.

Italien wird sie später immer wieder in seinen Bann schlagen. Eines der schönsten Beispiele der magischen Anziehung ist für mich eine Taormina-Landschaft aus dem Jahr 1934, in der sich Wirkliches und Unwirkliches auf eine Art und Weise vermischt, die es schliesslich zustandebringt, dass sich Bilder im Kopf des Betrachters festkrallen.

Über ihren zwei Jahre älteren Bruder Theodor, Privatdozent an der Universität Bern, und die Freundschaft mit dem Berner Pädagogen Walter Pflugshaupt beginnt sie sich verstärkt mit dem tief gründenden und in die Breite der verschiedensten Lebensbereiche greifenden Gedankengut Rudolf Steiners zu beschäftigen. 1926 heiratet sie Walter Pflugshaupt. Er arbeitet als Lehrer an der Rudolf-Steiner-Schule in Basel. Sie übernimmt Stellvertretungen an dieser Schule. Der Kontakt mit den Dornacher Meistern beeinflusst sie und hinterlässt deutliche Spuren. Ihrer eigenen Persönlichkeit klar bewusst, fällt es ihr aber leicht, die Umklammerung der rezepthaften Dornacher Schule zu vermeiden und ihren eigenen Weg zu gehen.

Ob die fliessende Bewegung, die später die meisten ihrer Bilder zeigen, von der Beschäftigung mit der Eurythmie herstammt, oder ob sie die Eurythmie einer entsprechenden Disposition wegen interessiert, kann wohl kaum mehr ausgemacht werden. – Auf die Basler Zeit geht die Liebe zu den unvermischten, leuchtenden organischen Farben zurück, die sie zeitlebens und ausschliesslich verwendet. Treu bleiben wird sie auch der Erfahrung, dass das Malen nach Natur oder Modell kaum nutzbringend sein kann.

1930 – zwei Jahre nach dem Unfalltod ihres Gatten – kehrt die Künstlerin in den Kanton Bern zurück, lässt sich erst in Oberhofen, dann in Faulensee – in einem selbst entworfenen Holzhaus – nieder. Goethes Devise «Rückkehr zur Natur, aber Rückkehr mit dem vollen Reichtum des entwickelten Geistes, mit der Bildungshöhe der neuen Zeit» kann als Motto der Jahre der Reife Helene Pflugshaupts verstanden werden.

Der hochsensible Musikwissenschafter Walter Tappolet, der im hohen Alter noch selber zum bildenden Künstler geworden ist, schreibt 1966: «...Viele Jahre später begegnete ich Bildern dieser Malerin in einer Ausstellung anthroposophischer Künstler. Diese paar stillen Bilder stachen aus der Umgebung der nach Goethes Farbenlehre und Rudolf Steiners Angaben verfertigten Bilder hervor als wirkliche und zudem höchst persönliche Kunst.»

Rudolf Steiner schrieb 1888 in seinem Aufsatz «Goethe als Vater einer neuen Ästhetik»: «Zwischen beiden (der Welt der Erfahrung und der Welt der Idee) bedarf der Mensch eines neuen Reiches, in dem das Einzelne

Taormina
(Sizilien)
1934
27 x 32,5 cm
Farbstift

und nicht erst das Ganze die Idee darstellt, eines Reiches, in dem das Individuum schon auftritt, dass ihm der Charakter der Allgemeinheit und Notwendigkeit innewohnt. Eine solche Welt ist aber in der Wirklichkeit nicht vorhanden, eine solche Welt muss sich der Mensch erst selbst erschaffen, und diese Welt ist die Welt der Kunst; ein notwendiges drittes Reich neben dem der Sinne und dem der Vernunft.»

Die Kunst als ein Bereich neben dem der Sinne und der Vernunft. In dieser Aussage markiert sich die Gabelung, an der sich die Wege der anthroposophischen Künstler und von Helene Pflugshaupt trennen. Die Erfahrung der Natur, des Wechsels der Jahreszeiten, des Spiels des Lichts, der Veränderungen des Wetters sind für die zwischen den Bergen lebende Landbewohnerin unmittelbar sinnliche Erlebnisse, die sie nicht als «erstes Reich» neben das «Reich der Kunst» stellen kann, sondern untrennbar miteinander verbindet. Helene Pflugshaupts Landschaften sind mehr als Landschaft. Alle Stilleben sind mehr als Stilleben. Jedes ihrer Bilder berichtet von der Beseeltheit der Natur, bringt das eigene schöpferische Tun – in aller Demut – mit dem Gedanken der Schöpfung zusammen. Helene Pflugshaupt versteht sich bestens mit ihren Künstlerkolleginnen und Kollegen. Es liegt ihr fern, jene eines Besseren zu belehren, die schlichten Gemüts von der Schönheit einer Landschaft ergriffen werden und diesem Eindruck in Öl auf Leinwand Dauer verleihen. Rudolf Steiner war da unerbittlicher. Im Vortrag «Das Sinnlich-Übersinnliche in seiner Verwirklichung durch die Kunst» (1918) sagte er: «Wer nur das Sinnliche in der Kunst haben will, der wird ja kaum hinauskommen über irgendein feineres illustratives Element, das sich zwar zur Kunst erheben kann, das aber eine wirkliche Kunst doch eigentlich nicht geben kann. Und es gehört schon, wie man wohl sagen kann, ein etwas verwildertes Seelenleben dazu, wenn man sich beruhigen will bei dem bloss illustrativen Element der Nachahmung des Sinnlichen oder des sonst irgendwie durch die blosse Sinneswelt Gegebenen.» – Was «wirkliche Kunst» ist, wann sich das «Seelenleben verwildert» zeigt, solches zu entscheiden, dazu ist Helene Pflugshaupt zu zurückhaltend, zu weise. Ihr Credo tönt einfacher: «Wahre Kunst ist nicht mehr Wirklichkeit – sie ist mehr als Wirklichkeit!»

Die alltägliche Wirklichkeit bestätigt ihr immer wieder, wie sehr das Sinnliche und Spirituelle fliessend ineinanderübergehen können. Was die Sagen und Bräuche aus dem alpinen Raum belegen, machen auch viele Bilder von Helene Pflugshaupt sichtbar. Das Aquarell «Sonnenuntergang mit Schattengebilden am Stockhorn (von Oberhofen aus gesehen)», aus dem Jahr 1930, zeigt die Stockhornkette bei Sonnenuntergang. Über die Berge malt sie deren sanfte, weiche, unheroische, mütterliche Aura. Stimmt's? Ja und nein. Berner Oberländer wissen, dass bei gewissen atmosphärischen Verhältnissen die Sonne Dunst oder Wolkenschleier durchdringen und in sie hinein die Bergsilhouetten projizieren

Sonnenuntergang
mit Schattengebilden am Stockhorn
(von Oberhofen aus gesehen)
1930
39 x 50 cm
Aquarell

kann. Von der sinnlichen Erfahrung eines solchen Schattenbildes ausgehend, hat Helene Pflugshaupt Übersinnliches dargestellt.

Ähnlich faszinierend erlebe ich das Bildnis eines jungen Trachtenmädchens. Die transparente Partie der Trachtenhaube wird ebenfalls zu einem Aura-Bereich, tönt an, dass die bodenständige, stupsnasige junge Frau mehr ist als sie scheint, dass sich Geistigkeit auch unabhängig von höherer Schulbildung verkörpern kann. – Dieses Bild steht ausserdem stellvertretend für viele andere, die sich durch eine ebenso eindringliche Mischung von gestalterischer Disziplin und Temperament auszeichnen.

Die Harmonie-Bigotterie und die Alltagsflüchtigkeit, die aus vielen dogmatisch-anthroposophischen Kunstwerken spricht, findet man in Helene Pflugshaupts Schaffen nie. Bezeichnenderweise bringt sie Edvard Munch grösste Verehrung entgegen, jenem Künstler, der die düsteren, triebhaften, tragischen Seiten der menschlichen Existenz schonungslos,

Verlassen
Ohne Datum
22 x 29 cm
Blei- und Grünstift

Berner Trachtenmädchen
Ohne Datum
35 x 45 cm
Aquarell

Skandale hervorrufend, dargestellt hat. In Helene Pflugshaupts Leben kommt dem Geistigen eine zentrale Bedeutung zu, aber die Mistfuhre des Nachbarn und die Konflikte in der Dorfschule nimmt sie bewusst zur Kenntnis. Am stärksten an Munch erinnert mich «Dunkles Paar am Meer» (vermutlich aus den fünfziger Jahren), das Parallelen zu Munchs grossem Motivkreis der Figuren am Meer zeigt. Dargestellt scheint mir die Spannung zwischen zwei sich physisch zugewandten, seelisch aber abgewandten Personen. Die Einsamkeit in der Zweisamkeit findet hier einen ergreifenden Ausdruck. Mit sowohl subtilen wie harten Farbkontrasten verbindet und überlagert sie chromatische Gegensätze zu einer unverwechselbaren Klangfülle.

Eine innere Verwandtschaft besteht zweifellos nicht nur zu Edvard Munch, sondern auch zur jung verstorbenen Paula Modersohn-Becker, die wie Helene Pflugshaupt ein Leben im Einklang mit der Natur gesucht hat und das Einfache der bäuerlichen Welt und der ursprünglichen Landschaft als Reichtum verstehen konnte. Paula Modersohn-Becker hat auf völlig unsentimentale Weise eine Empfindungsstärke in die Menschendarstellung hineingebracht, die vor ihr höchstens Vincent van Gogh erreichte. Dass individuelle Schönheit nichts mit Ebenmass zu tun hat, sondern auch ein gleichsam holzgeschnitztes oder aus Erde grob geformtes Gesicht haben kann, davon waren Paula Modersohn-Becker und Helene Pflugshaupt überzeugt.

Erdnah und immateriell, verankert und schwebend zugleich ist die Kunst Helene Pflugshaupts.

Zahlreich sind im zwanzigsten Jahrhundert die Künstler, die sich zivilisationsmüde in Randgebiete zurückgezogen und dort eine Gegenwelt aufgebaut haben. Helene Pflugshaupts Niederlassung im Berner Oberland trägt keine evasionistischen Züge. Die Künstlerin nimmt – bei aller Liebe zur Stille und Konzentration – am Dorfleben teil, fühlt sich mit den Mitmenschen verbunden, hat ein offenes Haus und Atelier für die Grossen und Kleinen in ihrer Umgebung. So kommt es, dass das Figurenbild (weniger das Porträt im engeren Sinn) in ihrem Schaffen quantitativ überwiegt. Die Figurenbilder sind stets durchseelte Porträts im weiteren Sinn, indem sie Inneres veräusserlichen, indem das Bild dem ganzheitlichen Erlebnis einer zwischenmenschlichen Begegnung Ausdruck verleiht.

Helene Pflugshaupt hat die Welt als schöne Welt erfahren und geliebt, aber Dissonanzen nicht verleugnet. In den siebziger Jahren aquarelliert sie zwei fast symmetrische Gesichtssilhouetten, deren Nasenspitzen sich beinahe berühren. Sie setzt den Titel: «Die zwei Seiten: aktiv und passiv». Die Komposition gleicht vertrauten Umklappbildern: wer will, kann in der Mittelzone eine Vase erkennen. Ein rötliches Gesicht und ein bläuliches. Die Gleichgewichts-Situation zwischen zwei Lebenshaltungen –

Dunkles Paar am Meer
Ohne Datum
61 x 69 cm
Öl auf Leinwand

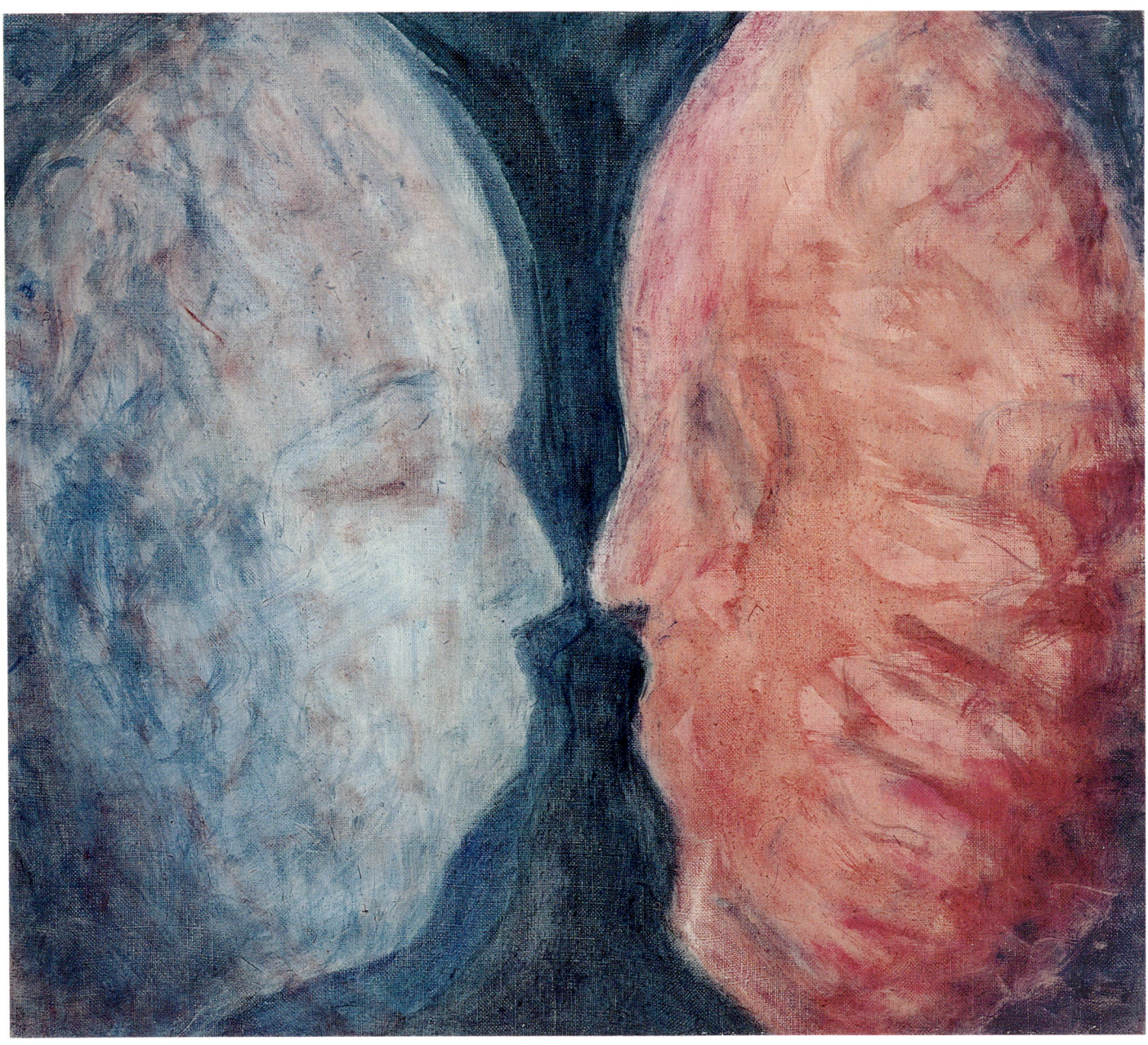

vita attiva und vita contemplativa – verbildlicht eigene Lebenserfahrung und -planung und ist zugleich Mahnung an eine hyperaktive, atem- und besinnungslose Gesellschaft.

Die Harmonie liebend und die Dissonanz registrierend: immer wieder wird die Künstlerin von Venedig angezogen, dieser Stadt, in der Schein und Sein so hart aufeinanderprallen, Glanz und Zerfall Nachbarn sind, in der sich Land und Meer vermählen, Unwirkliches dem scheinbar Wirklichen überlagert wird, die Geschichte so bestimmend ist wie die Gegenwart. Die latent vorhandenen Spannungen faszinieren den wahrnehmenden Augenmenschen Helene Pflugshaupt so sehr wie die Malerin.

Die zwei Seiten:
aktiv und passiv
Ohne Datum
35 x 40 cm
Öl auf Leinwand

Helene Pflugshaupt bleibt bis vor ihrem Tod zeichnend und malend tätig. In sechzig Jahren – weltverbunden in der Einsamkeit – ist ein Werk der Reife, einer wahrhaftigen Innerlichkeit und überkonfessionellen Religiosität entstanden, das in der reichen Facettierung eine grosse Einheitlichkeit aufweist. Zusammengefasst wird es in erster Linie durch die spezifische Geistigkeit. Eine Geistigkeit, die sie mit dem Mittel der Farbmusikalität für uns sichtbar macht. Die Farbe – sie war die Trägerin der Form, nicht umgekehrt – hat sie behutsam, zurückhaltend, transparentlasierend aufgetragen. Langsam, in vielen Phasen, mit investierter Zeit nicht geizend, entstehen ihre Werke. Zarte, unaggressive Kratz- und Schleifspuren, die sie in die trockene Farbschicht eingraviert, sind Zeugnisse der permanenten, andauernden, kritischen Auseinandersetzung mit den geschaffenen Werken. Hochbetagt findet sie immer noch frische, unverbrauchte, von keiner Routine entleerte Formulierungen.

Die Einheitlichkeit ihres Gesamtwerks ergibt sich – das beweisen die vielen querliegenden, solitären Einzelarbeiten – nicht aus Wandlungsunfähigkeit, sondern aus Skepsis gegenüber modischer Anpassung und einem von aussen aufgedrängten Innovationszwang. In der Welt des Geistigen zuhause, weiss sie als lichtes, heiteres Wesen sowohl von Grösse als auch von Kleinheit. Aus diesem Wissen heraus verlangt sie sich das Beste ab, ohne das Erreichte zu überschätzen. Und schon gar nicht wäre sie auf den Gedanken gekommen, sich als «Verkannte» (was sie in einem gewissen Sinn war) zu bemitleiden. Die lange Reihe der selbstbewussten, aber nie überheblichen Selbstbildnisse spricht da ein beredtes Zeugnis.

Hans Suter **Ein langes, erfülltes Künstlerinnenleben**

Helene Pflugshaupt-Huber wurde am 17. Juli 1894, «in des Sommers Blütezeit», wie sie schreibt, in Bern geboren. Ihre Mutter stammte aus dem appenzellischen Heiden. «Sie war eine Frohnatur, phantasievoll, begeisterungsfähig und begabt im Zeichnen und Klavierspiel und pflegte oft und gerne mit uns zu singen», erwähnt Helene. Der im schaffhausischen Ramsen und in Bern heimatberechtigte Vater wurde schon in jungen Jahren als Professor für höhere Mathematik und Astronomie an die Universität Bern berufen. Auch er zeichnete gut, war herzlich im Umgang und vielseitig interessiert.

Helene wächst mit ihren beiden um zwei und vier Jahre älteren Brüdern auf. Ab und zu, an Wintersonntagen, besucht die Familie das Kunstmuseum Bern. Die Gemälde von Ferdinand Hodler beeindrucken das aufgeweckte Mädchen tief. Im Museum und auf Spaziergängen über Land werden ihm schon früh die Augen für das Schöne geöffnet. Helene Pflugshaupt berichtet später: «Ich verlebte meine Kindheit und Jugendzeit in der Stadt Bern, die damals noch ohne Telefon-Verbindungen, elektrisches Licht und Autoverkehr war. Auf den unasphaltierten Strassen konnten wir Kinder noch Bewegungsspiele machen – mit Holzreifen, Topfkreiseln und Seilen (Seilspringen). In der Wohnung hatten wir Petroleumlampen, dann Gaslampen (mit ‹Strümpfen›), bis das elektrische Licht alles in den Schatten stellte. Zum Heizen dienten hohe Kachelöfen; geheizt wurde mit Holz und Briketts. Ich durfte in einer ruhigen Zeit aufwachsen. – Noch vor dem Schulaustritt wusste ich, mit 15½ Jahren, dass ich Malerin werden wolle. Dabei stellte ich mir vor, ich würde mit dem Fahrrad, dessen Beherrschung mir stets Mühe bereitete, irgendwo in die Landschaft hineinfahren und an einem schönen Orte absteigen, um zu malen... Dies sollte völlig anders werden!»

Gleich nach der Sekundarschulzeit geniesst Helene Privatunterricht bei der Malerin Adèle Lilljeqvist in Bern; dann tritt sie in die Kunstschule von Professor Theodor Volmar im Kellergeschoss des Berner Kunstmuseums ein. Dort lernt sie während anderthalb Jahren «ganz im alten Stil» zeichnen. Sie zeichnet Landschaften, vorwiegend mit Bäumen und Baumgruppen. «Ich vermisse den Umgang mit Farben, mit der Farbenwelt sehr», schreibt sie. «Positiv dabei ist aber das geforderte scharfe Beobachten und das Abwägen der Tonwerte innerhalb der Bleistiftzeichnungen.»

Als 18- bis 19jährige finden wir die Kunstbegeisterte in einem Privatinstitut in Lugano. Doch sagt ihr der dort vermittelte Umgang mit Ölfarben nicht zu. Sie empfindet ihn als zu dilettantisch. Als einzige Schülerin der Klasse weigert sie sich, für die Eltern ein Ölbild als Weihnachtsgeschenk zu malen, – ein Klassenfoto zeigt sie aber beim Zeichnen, während alle andern stricken...

Helene, 1900

< Zwischen Hell und Dunkel
(Selbstbildnis)
1957
77 x 52 cm
Öl auf Leinwand
Kunstmuseum Thun

Nach Bern zurückgekehrt, vermitteln ihr die Eltern einen weiteren Privatunterricht beim Maler Ernst Linck. Sie erlernt das Kopfzeichnen nach lebenden Modellen. Mit 21 Jahren wird sie Mitglied der Gesellschaft Schweizerischer Malerinnen, Bildhauerinnen und Kunstgewerblerinnen und darf erstmals an der Weihnachtsausstellung der Berner Künstlerinnen und Künstler teilnehmen. Linck erkennt ihr Talent und rät zu einer Weiterbildung in München. Im Jahre 1916, mitten im ersten Weltkrieg, reist die junge angehende Malerin mutig allein nach München, wo sie in einer den Eltern bekannten Arztfamilie Aufnahme findet und während zweier Semester im Privatatelier des «strengen» Ungarn Simon Hollósy, Professor an der Kunstakademie, studiert. Zu ihrem grossen Bedauern beschränkt sich der Unterricht auch hier auf Kopf- und Aktzeichnen, auf blosses konstruktives Gestalten auf Packpapier! Hollósy verlangt ein genaues Beobachten – so müssen die Schülerinnen und Schüler z.B. beim Kopfzeichnen vorerst eine Zündholzschachtel vor sich hinhalten und in die Stellung bringen, in der sie den Kopf abzuzeichnen gedenken. Für die junge Künstlerin erweist sich dieses Studium als langweilig, ja «grausam – rein akademisch und ohne Seele», wie sie sich äussert. Dennoch beeindruckt sie der Lehrer durch seine Haltung und seine Konsequenz. Sie empfindet seine Aussage als tröstlich, als er ihr einmal eine Kurve auf ein Reissbrett zeichnet: «So ist es im Leben und auch im künstlerischen Gestalten: mal hoch, mal tief – auf jedes Tief folgt aber ein Hoch!»

HP., zirka 1916

In Aufzeichnungen von Helene Pflugshaupt lesen wir: «Die deutsche Kunst war mir wesensverwandter als die französische. Deshalb kam Paris für mich nie in Frage.» In Deutschland lernt sie Gemälde des «Blauen Reiters» kennen, von Paul Klee, Franz Marc und August Macke. Die «empfindsamen, poetischen Bilder von Klee mit den harmonischen Farben, die von innen heraus leuchten,» begeistern sie. Die Suche nach neuen Ausdrucksformen aus der Farbe heraus und die klare Bildgestaltung der Expressionisten überzeugen sie. In den stillen dunkeltonigen Gemälden von Hans von Marées findet sie eine Verwandtschaft mit Rembrandt. Paula Modersohn-Becker steht sie nahe. Von den französischen Malern beeindruckt sie Cézanne, von den nordischen van Gogh, Nolde und ganz besonders Munch mit seiner Fähigkeit, Seelenzustände vortrefflich zu charakterisieren. Von den Schweizer Malern schätzt sie Augusto Giacometti mit seinen reinen Farben, Otto Meyer-Amden, zu dessen Bildern sie sogleich Kontakt findet und dessen schrittweise Abstrahierung vom Natureindruck in der Bearbeitung eines Themas ihre Zustimmung gewinnt, dann vor allem Ferdinand Hodler: «Er war mir stets Vorbild: sein bewusstes Gestalten, seine eindeutige, klare Formgebung, seine Bild-Aussage und seine Willenskraft!»

Neben dem Kunststudium geniesst Helene Pflugshaupt in München ihre Selbständigkeit und die Möglichkeit zur Weiterbildung auf anderen

Im Garten (Meine Familie)
1971
56 x 45 cm
Öl auf Leinwand

Gebieten. Sie besucht Konzerte und Theateraufführungen, hört sich Vorträge an, nimmt an einem Einführungskurs in Anthroposophie teil. Den Anstoss dazu gibt ihr um zwei Jahre älterer Bruder Theodor, den sie verehrt und mit dem sie sich ausgezeichnet versteht. Auch die Eurythmie zieht sie in Bann. Sie betätigt sich sogar in dieser von Rudolf Steiner begründeten Bewegungskunst, sieht dann aber ein, dass sie «kein Bewegungsmensch» sei.

Im Jahre 1917 ist die junge Malerin freischaffend in Bern tätig. In der privaten Malschule von Marguerite und Victor Surbek-Frey übt sie sich weiter im Aktzeichnen. Mit 25 Jahren reist Helene Pflugshaupt erstmals nach Italien zu einem vierteljährigen Aufenthalt in Florenz. Dort wird sie von der Renaissancemalerei tief beeindruckt: «Sie ist für mich eine Offenbarung!», schreibt sie. Schauend und voller Entdeckerfreude bildet sie sich bei Museums- und Kirchenbesuchen autodidaktisch weiter; sie kopiert Gemälde und lernt dabei viel hinzu. Die Harmonie von Form und Farben in den Werken von Fra Angelico oder Giotto z.B. eröffnet ihr «eine neue Welt», die ihr zusagt und in der sie sich wohl fühlt. «Endlich zur Farbe, zur reinen Farbe!», ruft sie freudig aus, ähnlich Paul Klee auf seiner Tunesienreise: «Die Farbe hat mich!» Grosse Aufmerksamkeit schenkt sie auch dem architektonischen Aufbau in den Bildern der Renaissancemaler.

Sechs Jahre später, im Frühling 1925, folgt ein weiterer vierteljähriger Studienaufenthalt in Italien, diesmal in Rom. Hier kommt nun das Interesse an der Bildhauerei hinzu. Es entstehen erste Kleinplastiken; auch später modelliert Helene Pflugshaupt gerne von Zeit zu Zeit in Ton: Köpfe, Menschen allein, zu zweit, als Familie, Engel – schlichte und ausdrucksstarke Schöpfungen wie die Figuren in den Bildern. Einen Einblick in dieses nur den Angehörigen und Freunden bekannte künstlerische Betätigungsfeld gibt das nebenstehende Foto.

Im Jahre 1926 verheiratet sich die Malerin mit Walter Pflugshaupt, einem Gymnasiallehrer, der an der neu eröffneten Rudolf-Steiner-Schule in Basel unterrichtet, wo sie von 1926 bis 1929 selber Stellvertretungen übernimmt. Doch nach nur zwei Jahren stirbt ihr Ehemann an den Folgen eines Skiunfalls.

1930 zieht Helene Pflugshaupt an den Thunersee, zunächst nach Oberhofen, 1936 nach Faulensee am gegenüberliegenden Ufer, in ein im Grobkonzept selbst entworfenes Holzhaus. Während 23 Jahren arbeitet sie dort mit grossem Fleiss.

Sie malt nicht mehr vor der Natur. Mit sicherer Hand wirft sie locker hingeworfene Landschaftseindrücke rasch aufs Papier. Aus solchen Skizzen entstehen dann im Atelier Bilder. Interessant ist die Tatsache, dass die Künstlerin ebensogut links- wie rechtshändig schreiben, zeichnen und malen kann und dass sie ihre Bilderrahmen nach genauen Angaben von einem Schreiner anfertigen lässt: meist flache, breite, die sie dann im

HP. in ihrer Thuner Wohnung, 1982

Atelier bemalt, v.a. in Weiss. Immer stärker wird das Bedürfnis zur Darstellung von Menschen und Menschengruppen. Sie nimmt regen Kontakt mit der Dorfbevölkerung auf, lädt Kinder und Jugendliche in ihr Atelier ein, unterrichtet sie unentgeltlich im Zeichnen, Malen und Gestalten mit Plastillin, stickt, bastelt, singt mit ihnen und inszeniert kleine Theateraufführungen nach eigenen Texten. Ihre Begeisterung springt auf die aufnahmebereiten jungen Menschen über, und es formen sich so Bindungen, die bestehen bleiben. Eindrücklich sind die Weihnachtsfeiern mit Kindern in der geschmackvoll eingerichteten Wohnung mit vielerlei liebevoll gesammelten Dingen! Eine von ihr gemalte Kopie des Verkündigungsengels von Melozzo da Forli, neapolitanische Krippenfiguren in einem eigens angefertigten Krippenhäuschen, mit Kindern zusammen geformte Engel aus Silber-, Gold- und Buntfarbenpapier und der Schein der überall aufgestellten Kerzen, die Weihnachtslieder und -geschichten sowie die starke Präsenz einer aussergewöhnlichen Frau lassen die Herzen höher schlagen und versetzen die Kinder in eine besinnliche, frohe Stimmung, die unvergessen bleibt.

Nach dem zweiten Weltkrieg nimmt Helene Pflugshaupt erholungsbedürftige Kinder aus Deutschland während einiger Wochen bei sich auf. Christa Schlunk-van Grootheest aus Pforzheim schreibt in einem Brief vom Juli 1984: «Es war im Jahre 1947, als der grösste Teil Deutschlands in Trümmern lag und viele Menschen Hunger litten. Helene Pflugshaupt gehörte zu den Schweizern, die bedürftigen, unterernährten Kindern aus dem zerstörten Hamburg Erholung und Geborgenheit geben und helfen wollten.

In Bern nahm sie eine kleine Gruppe, zu der auch ich gehörte, in ihre Obhut, um jedes Kind seiner Pflegefamilie zuzuführen. Schon während der Fahrt nach Spiez strahlte von dieser feinen, noch ganz jung erscheinenden Frau mit den schneeweissen Haaren eine so warme Herzlichkeit aus, dass wir all unsere Kümmernisse vergassen.

Bei einem alten Bauern und seiner Frau, hoch über dem Thunersee, sollte meine Bleibe sein. Ich kam aus einer lebhaften Familie, war noch nie von zu Hause fort gewesen und fand mich plötzlich in dieser schönen Landschaft so ganz verlassen. Ein schreckliches Heimweh machte mich fast krank. Ich konnte die Sprache nicht verstehen, und da war kein Spielgefährte für mich. – Helene Pflugshaupt kam, sah meine Not und zögerte nicht, mich auch noch zu sich zu nehmen, obwohl sie schon ein Mädchen in ihrer Obhut hatte.

So begann mein 14. Lebensjahr in Faulensee in einer ganz neuen Welt, als sei ein Traum Wirklichkeit geworden. Die Künstlerin öffnete die Seele für all das Schöne ringsum und erweckte in uns die eigene Schöpferkraft. Im Atelier und auf der Terrasse zum herrlichen Blumengarten durften wir aus von ihr liebevoll gesammelten farbigen Papieren und Stoffen die phantasievollsten Dinge entstehen lassen. Wir malten, plastizierten, mu-

Weihnachtsfeier
1950/1969
77 x 52 cm
Öl auf Leinwand

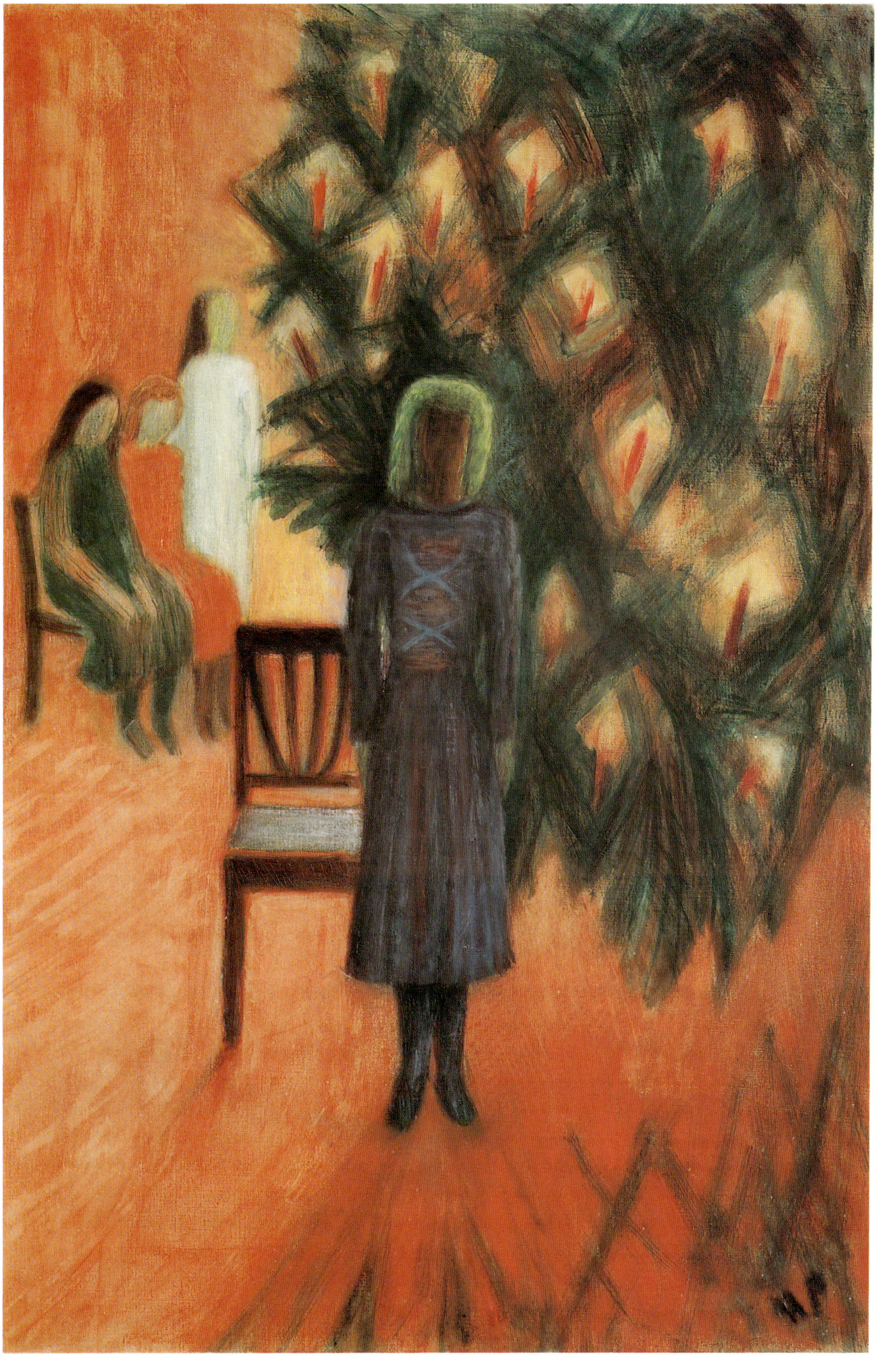

Gruppe in Blau I
1978/1979
65 x 66 cm
Öl auf Leinwand

sizierten, durften uns verkleiden und mit andern Kindern Theater spielen. Sie machte uns mit den Werken von Schweizer Dichtern bekannt und regte in jeder Beziehung in schönster Weise zum eigenen Schaffen an. Auf vielen Wanderungen lernten wir die Landschaft mit ihren Seen, Bergen, Pflanzen und Tieren kennen, und unser Staunen hörte nie auf. – Das sehr zarte, dünne, kleine Mädchen, das bis dahin immer unter seiner Schwerhörigkeit gelitten hatte, war innen und aussen ein anderer Mensch geworden, als es nach vier Monaten wieder nach Hamburg kam. –

Dies ist nun 37 Jahre her, aber es ist unvergessen, und noch heute bin ich immer reich beschenkt bei jeder Begegnung mit der um genau 40 Jahre älteren Freundin.»

Im Jahre 1959 bezieht Helene Pflugshaupt Wohnsitz in Thun, weil sie in weiser Voraussicht für ihr Alter in der Stadt mehr Nähe zum Kulturleben erwartet. Sie beteiligt sich an öffentlichen Ausstellungen in der Schweiz. Regelmässig nimmt sie an Weihnachtsausstellungen in der Kunsthalle Bern und im Kunstmuseum Thun teil. 1952 ist sie mit drei Bildern an der Ersten Internationalen Ausstellung für Malerinnen in Bozen vertreten. 1965 erhält sie vom Gemeinderat der Stadt Thun den Auftrag für ein Wandgemälde im Schönau-Schulhaus. Die Stadt Thun ehrt ihr Schaffen mit drei Jubiläumsausstellungen in den Jahren 1974, 1979 und 1984. Der Zentralvorstand der Gesellschaft Schweizerischer Malerinnen, Bildhauerinnen und Kunstgewerblerinnen verleiht ihr 1985 die Ehrenmitgliedschaft.

Auf Reisen nach Südfrankreich, Spanien und mehrmals nach Italien, vor allem ins geliebte Venedig, empfängt die Künstlerin neue Eindrücke, ebenso bei Ferienaufenthalten in den Bergen des schönen Berner Oberlandes, – Impulse, die sie dann im Atelier in Gemälde umsetzt.

Während 17 Jahren (von 1930 bis 1947) steht Helene Pflugshaupt in Kontakt mit dem Berner Maler Louis Moilliet, dessen «durchlichtete Farben» sie in seinen Aquarellen schätzt. Im übrigen lebt sie bis ins hohe Alter genügsam und fast asketisch in ihrer schönen Wohnung und pflegt eine intensive Beziehung zu ihr nahestehenden Menschen im In- und Ausland. Sie liebt es nicht, im Scheinwerferlicht zu stehen, hält sich bescheiden im Hintergrund. Wegen ihres lauteren, offenen Charakters, ihrer ansteckenden Fröhlichkeit, mitmenschlichen Wärme und Herzensgüte verehrt, wird sie Nestorin der Thuner Künstlerinnen und Künstler. Seminaristinnen, Gymnasiasten, Gewerbeschülerinnen und -schüler, junge Kolleginnen und Kollegen suchen sie auf, und sie steht ihnen mit Rat und Tat bei. Ihr kritisches (auch selbstkritisches), unverblümt geäussertes, aber stets wohlmeinendes Urteil wird geschätzt. Bis an ihr Lebensende schreibt sie prägnante Briefe in einem ganz persönlichen Stil. Die Korrespondenz erledigt sie gewissenhaft, meist zu später Nachtstunde.

Auf der Laube im Malerinnenhäuschen in Faulensee, mit Ursel Peters (links) und Christa van Grootheest (rechts), 1947

Ich entnehme einem am 9. Februar 1992 – nach dem Tode von Helene Pflugshaupt – an ihre Nichte Hella Huber geschriebenen Brief von Dominik Müller, Germanist und Maler: «Für mich war Frau Pflugshaupt in ihrer unverwechselbaren Persönlichkeit immer so klar und prägnant gegenwärtig, dass ich das Gefühl habe, sie sei ganz unverlierbar in meinem Gedächtnis eingeprägt. Sie gehört zu meinen Thuner Bezugspunkten. Wenn ich sie wieder einmal sah, war es, wie wenn der Frühling kommt: etwas Erfrischendes, Wohltuendes und doch auch Vertrautes und Altbekanntes. Vielleicht hing das auch mit dem grossen Altersunterschied zusammen, dass diese Freundschaft so gleichmässig und kontinuierlich war. Es hing auch damit zusammen, dass Frau Pflugshaupt immer etwas ausserhalb der Aktualitäten und der Moden stand. Ihre Malerei verrät ja, würde ein Kunsthistoriker sie taxieren, irgendwie ihre Herkunft aus den 1920er Jahren. Sie kommuniziert aber auch mit der Renaissance. Zeitlos und doch voll Überraschungen waren ja ebenfalls ihre Garderobe und Wohnungseinrichtung, die mich als Kind verzauberte und auch später immer wieder verblüffte, etwa, wenn man den Auftrag erhielt, im Geschirrschrank die Teetassen auszuwählen, die gerade der momentanen Gemütsverfassung entsprachen.»

Während über 70 Jahren nimmt Helene Pflugshaupt regelmässig an Anlässen der Anthroposophischen Gesellschaft teil. Seit jungen Jahren setzt sie sich eingehend mit der Lebensanschauung Rudolf Steiners und speziell dann auch mit seinen Ansichten über die Kunst auseinander. Schon früh erkennt sie, dass sie ihren eigenen künstlerischen Weg suchen und beschreiten muss. Sie weiss es zu schätzen, dass sowohl Rudolf Steiner wie auch der von ihr hochverehrte anthroposophische Dichter Albert Steffen ihre eigenständige Kunst annehmen und sie in ihrer Tätigkeit völlig frei lassen. Erwähnenswert ist ihre erste Begegnung mit dem Begründer der Anthroposophie im April 1923. Nach einem Vortrag Rudolf Steiners in Bern nimmt die 29jährige allen Mut zusammen und fragt ihn, ob sie ihm einige Bilder vorlegen dürfe. Er bejaht es. Im Tagebuch hält sie seine Stellungnahme im Wortlaut fest: «Es ist ein Fortschritt in Ihrer Malerei zu erkennen. Die Farbe darf noch durchsichtiger werden. Sie dürfen mehr Selbstvertrauen haben. Es wird schon werden! Ich wünsche, dass es Ihnen gut ergehe.»

Selbstbildnis
1921
39,5 x 31,5 cm
Öl auf Karton

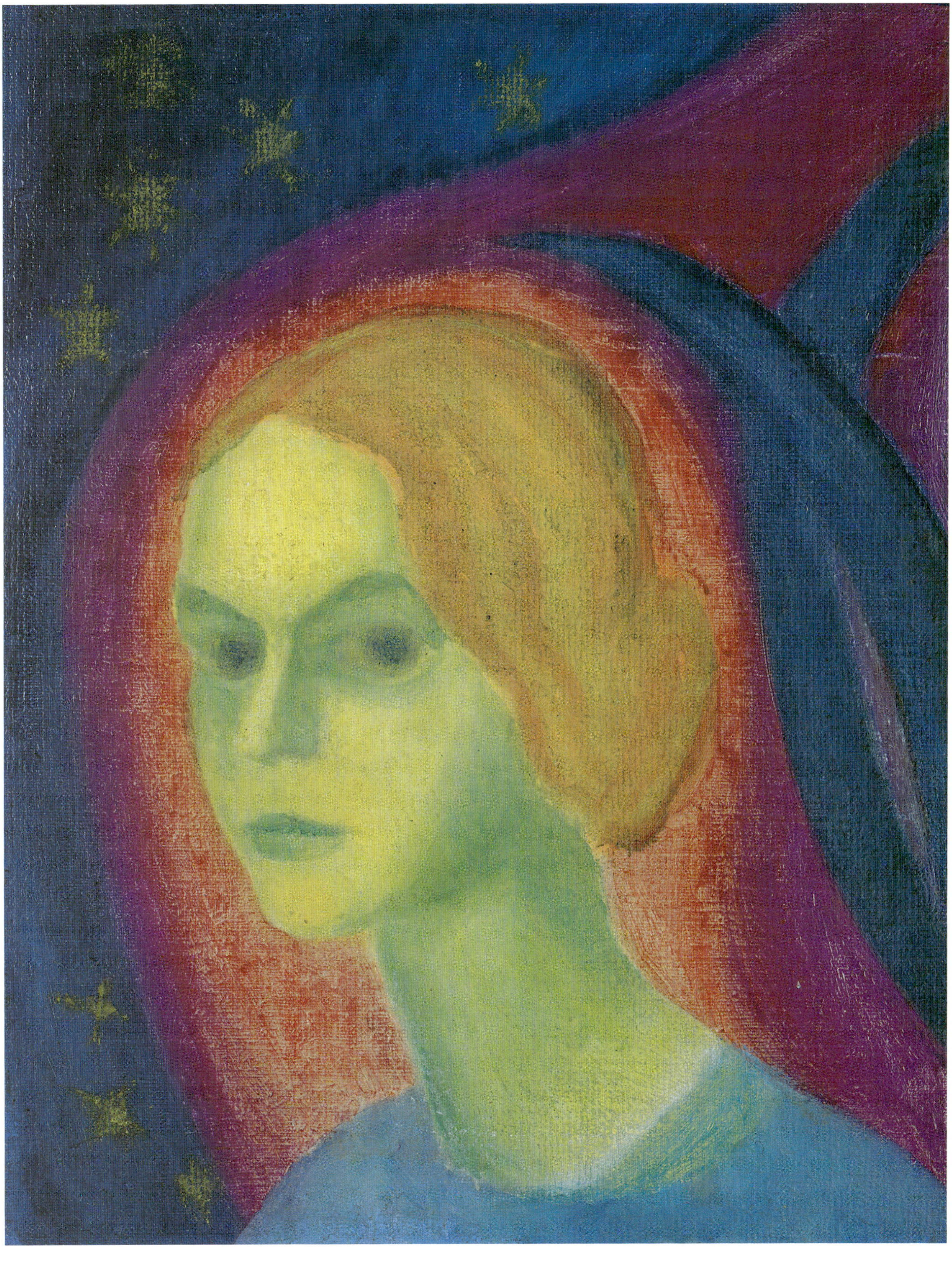

Ein treuer Wegbegleiter ist der Künstlerin Johann Wolfgang von Goethe. Die «Gespräche mit Eckermann» gehören stets zum Reisegepäck. Aber auch die Dichtungen von Conrad Ferdinand Meyer, Gottfried Keller, Albert Steffen, Christian Morgenstern, Friedrich Hölderlin, Rainer Maria Rilke und Gertrud von Le Fort schätzt sie hoch. Vom Tagebuch Dag Hammarskjölds ist sie tief ergriffen, ebenso vom Wirken Albert Schweitzers. Aussagen wie diejenige von Adalbert Stifter: «Das Wichtigste im Menschen ist die innere Klarheit», bedeuten ihr viel. Über diese Klarheit äussert sich auch der frühere Konservator des Thuner Kunstmuseums, Dr. Paul Leonhard Ganz: «Über Helene Pflugshaupts feinfühligen Werken, die durch ihre Geschlossenheit überzeugen, liegt die Klarheit einer sorgsam erspürten inneren Richtlinie.»

In den letzten Lebensjahren behindert ein Hüftleiden den zuvor beschwingten, ausgreifenden Gang der Malerin. Im Herbst 1991 stellen sich Atembeschwerden ein. Die 97jährige bleibt geistig wach und klar. Noch immer arbeitet sie, wie gewohnt, bis spät in die Nacht hinein, lesend und schreibend. Sie fühlt ihr irdisches Ende nahen, ist heiter und gefasst.

Am 10. November 1991 tritt der Tod leise und schonend an sie heran. Ein stilles Leuchten steht in ihrem Antlitz. Von draussen leuchtet der Herbst ins Zimmer herein. Er legt noch einmal seine ganze Farbenkraft wie zu Ehren der Verstorbenen in die Natur. Das Buchenlaub und die Lärchennadeln sind vergoldet, eingerahmt von sattgrünen Kiefern, in der Mitte hinten ein dunkelroter japanischer Kirschbaum. Darüber kulissenhaft die frisch verschneiten Berge, der Niesen und die Blümlisalp, überstrahlt vom Glanz der schon fast mittäglichen Sonne im hellblauen, kristallklaren Himmel. Im Atelier findet sich auf dem Tisch neben der Staffelei ein Aquarell, das die Malerin 1931, also vor 60 Jahren, nach dem Hinschied ihres Gatten gemalt hat. Sie hat es am Abend zuvor hervorgesucht und aufgelegt. Es trägt den Titel «Verwandlung» und den Untertitel «Sterbestunde und Auferstehung»: ein sterbender Mensch blickt mit weit geöffneten Augen erwartungsvoll nach oben in die Unendlichkeit, in die Ewigkeit.

Die Sonntagsnacht zieht glutrot am Firmament empor, über dem Stockhorngipfel wippt ein zartes, schlankes Mondsichelchen im Himmel. Der Abendstern glänzt und grüsst herab. Ein reiches, gut und gerne gelebtes langes Leben hat seine Vollendung und Erfüllung gefunden. Uns bleibt die dankbare Erinnerung an einen liebenswerten, elfenhaft zarten Menschen mit hohem Intellekt und grosser Seelenkraft, an eine ausserordentliche Künstlerpersönlichkeit mit weitreichender Ausstrahlung.

Douce soirée
Ohne Datum
81 x 54,5 cm
Öl auf Leinwand

41

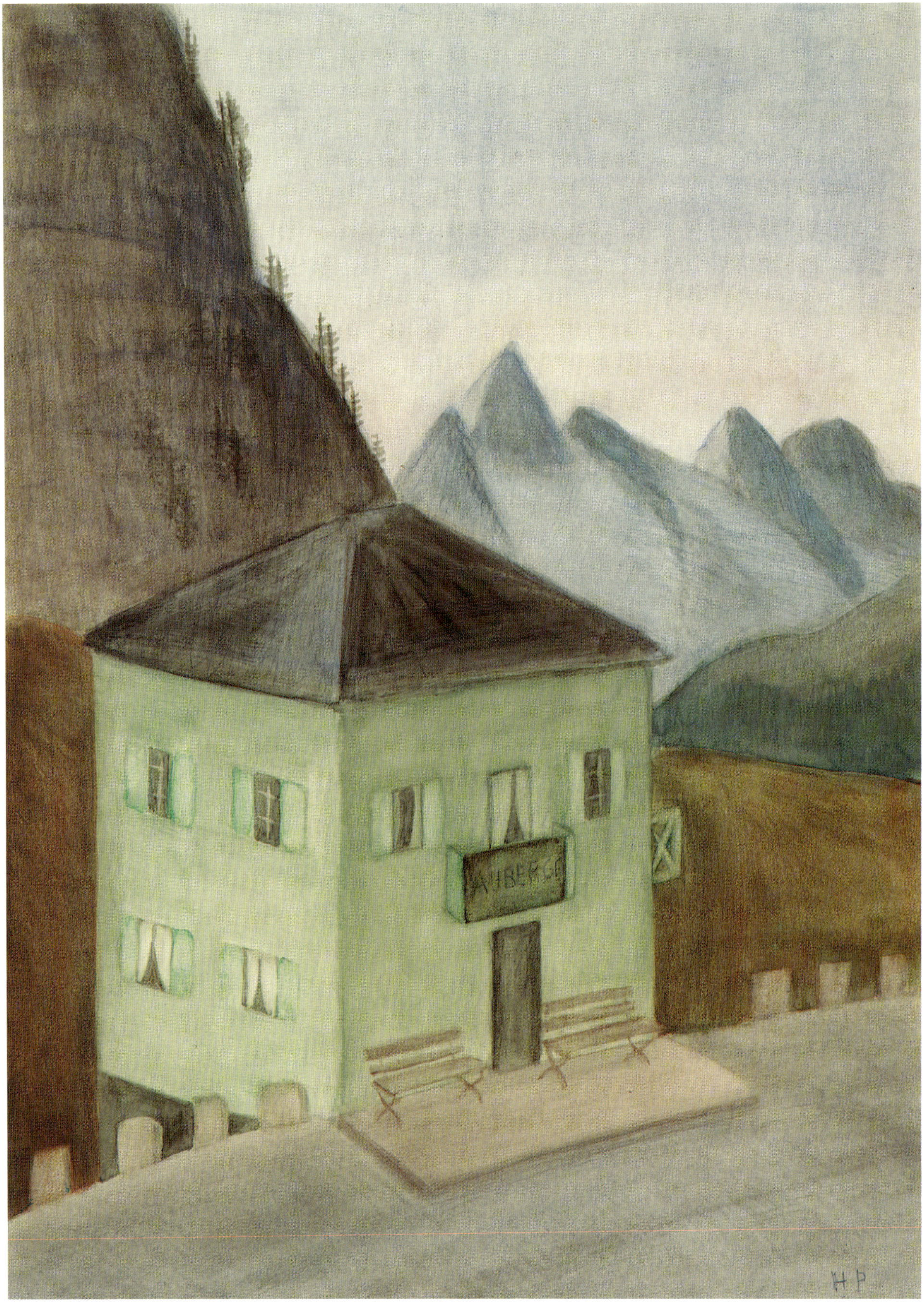
AUBERGE
HP

Aufzeichnungen aus Tagebüchern

17. Juli 1930
Auf Simplon-Kulm
«2000 m hoch»

Die Gegend hüllt sich jetzt immer mehr aus ihrem tagelangen Nebel. Es kommt eine grossartige, weite und farbenreiche Landschaft zum Vorschein. Grösse ist in allem. Ich fühle mich angeregt zum künstlerischen Schaffen.

9. August 1930
Simplon-Kulm

Ich bin am Abend zum nahen Seelein hinaufgestiegen, um den Mondaufgang abzuwarten. Unsagbare Stille! Nur aus der Ferne ein Rauschen – ein Bergbach. Der kleine See ist wie reines Glas gewesen. Darin hat man die Schneeberge, auf den Kopf gestellt, gesehen. Auch ein Stern hat aus dem Wasser heraus gefunkelt. Der Himmel ist klar und hell gewesen, und über dem nahen Felsenhorn bewegten sich phantastische Wolken und hüllten den Gipfel zeitweise ganz ein. Sie sind auf einmal wie von innen heraus durchhellt worden – vom Mond, der noch hinter dem Berge war. Eine gegenüberliegende Felswand hat mit einem Mal in einem matten Licht dagestanden. Rasch nacheinander hat Felsen um Felsen sich aufgehellt. Dann ist der schwache Schein über die Schneefelder des hohen, unnahbaren Fletschhorns gekommen, über dessen weissen Gipfeln die Sterne tief funkelten. Auch das Wasser des stillen Seeleins leuchtet jetzt schwach auf.

Nach all diesen Verwandlungen kommt er selbst, der Mond, endlich hinter dem Felsenhorn zum Vorschein. Schnell steigt er auf, immer mehr Glanz verbreitend – und gleitet lautlos und gross durch den Himmel, wie ein Schwan durch nächtliches Wasser. – Dies ist um die Zeit des Vollmonds gewesen.

31. August 1930
Oberhofen

Ich habe jetzt an mir selber erfahren, dass der Künstler selbstlos werden muss, um arbeiten zu können. Er muss manche seiner persönlichen Wünsche und seiner Begehren beiseite stellen. Er muss lernen, im rechten Sinne, zu verzichten.

16. Oktober 1930
Oberhofen

Am Nachmittag bin ich nach Oberhofen hinaufgekommen, an einem strahlenden Herbsttag. Und eingezogen bin ich nun doch in das alte Bauernhaus Heinzelmann, wo einst Maler Ernst Morgenthaler gewohnt hat. Ich glaube nicht, dass ich es bereuen werde. Es webt noch so viel seelische Atmosphäre in den Räumen, und Poesie waltet drum herum, über dem Baumgarten, dem Gemüsegärtchen, dem Brunnen und Weiher, über dem mit Wein besponnenen Eingang.

Es geht gegen Abend, der Himmel ist klar und hell. Ich habe wieder die einzigartigen Formen der Stockhornkette vor mir. In dem noch so lichten Himmel schaue ich schon die Venus, den Liebesstern.

«Auberge» auf dem Simplon
1930
49 x 36 cm
Aquarell

Vollmondnacht im Süden
1931
36 x 41 cm
Aquarell

16. Oktober 1930 Oberhofen	«Alles Grosse bildet, sobald wir es gewahr werden» (Goethe, Gespräche mit Eckermann). Diese Auffassung bedeutet mir viel.
An Allerseelen 1930 Oberhofen	Es ist am Sonntag gewesen; ich habe Sonntage gern. Ich bin im Schiffchen auf den See hinausgefahren, der leichte Wellen schlug. Ach, ich muss immer wieder von Neuem schauen, wie die Schneeberge aus dem Wasser aufsteigen. Ihr Ausdruck ist so überirdisch. Das Wasser und die menschliche Seele sind einander wesensverwandt. Der See ist der Ausdruck der Seele. See: See - le.
21. Juli 1931 Oberhofen	Nach langer Pause arbeite ich wieder intensiv. Des Menschen seelischer Ausdruck liegt mir doch am nächsten. – Dann das, was ich an den Blumen erlebe. Zuletzt die Landschaft.
Im August 1931 Oberhofen	Ich habe das Buch: «Paula Modersohn» gelesen. Ihre Briefe und Tagebuchaufzeichnungen. Ich habe es oben im Jura gelesen in trübseligen kalten Regentagen. Diese Frau hat mir tiefen Eindruck gemacht, ihre Lebensbejahung hat mir Mut gemacht; ihre Treue zu sich selbst, zugunsten ihrer Kunst, hat mich nahe berührt; das Leid, entstanden durch das schicksalmässige Gebundensein an Otto Modersohn, hat mich ganz ergriffen.
25. Oktober 1931 Forio d'Ischia	Ich habe ein immer stärkeres Bedürfnis, meine Bilder in Farbe «aufzubauen». Louis Moilliet tut es auch und wie originell! Ebenso Arnold Brügger. (Die Ausstellung Brügger - Morach, anfangs Oktober 1931, Bern, ist doch sehr schön gewesen. Morach hat feine Stilleben, Stilleben, in denen wieder einmal etwas dahintersteckt! Südfrankreich durch Brügger und Morach ins Seelenhafte erhoben.) Die Dinge auch hierherum sind für mich zu plastisch, zu sehr gestaltet – mein Weg ist, sie aus der Plastik herauszuheben in die Fläche. O ewiger Kampf mit dem Naturalismus! Bisweilen sind mir plötzlich Weg und Ziel entschwunden. Wenn ich in Gedanken male, so kenne ich sie.
1. November 1931 Forio d'Ischia	Allerheiligensonntag. Was für ein prachtvoller Tag! Im Strohhut habe ich am Vormittag fast 3 Stunden auf dem Dach oben gemalt. Das zart gefärbte (von hellocker verschmelzend in lachsrosa, anschliessend schneeweiss) würfelförmige Haus am Meer, das für mich wie eine Vision in Helligkeit aufsteigt vor dem tintenblauen Meer. Kaum, dass ich es gesehen, so hat es mich gefesselt. Ich werde noch einige Male ringen müssen, bis ich den Ausdruck des Ätherischen gefunden habe, das von diesem eigenartigen Gebilde ausgeht. Bei mir ist es noch zu kompakt, zu irdisch.

Das erste, was ich übrigens beim Beginn meiner Arbeit hier erlebt habe, ist meine grosse Unzulänglichkeit. Ekel vor meinen schülerhaften Produkten. Aber plötzlich wird es doch wieder – oder vielmehr muss es zu einem Durchbruch kommen. So und so viele Barrikaden stehen immer wieder auf, um mir den Weg zu verrammeln! – Das Dach hier ist mein Revier, da bin ich geborgen und ungestört. Mögen sie mir von den Nachbardächern aus noch so oft zurufen, das schert mich nicht. Nach allen vier Himmelsrichtungen hin ist der Blick schön. Ja, mit dem Ausdruck! Ich muss ja auch in der Sprache darnach ringen, wenn ich schreibe. Denn ich will die Sprache handhaben lernen wie die Farben – frei, künstlerisch gestaltet von mir aus. Wie oft ganz blödsinnig gehemmt! Wenn ich aber mit einem Buch beschäftigt bin, das künstlerisch geschrieben ist, vermag mich dies fabelhaft ins Schwingen zu bringen – zugunsten meiner Briefe. (Übrigens soll Rilke, um das Erklingen im eigenen Innern zu erreichen, in anderer Dichtung gelesen haben.)

Ich schreibe dies alles auf dem mannigfaltig gestalteten Dache oben und halte die blossen Füsse dazu an der Sonne. Es ist 4 Uhr vorbei, die Sonne neigt sich schon dem Meere zu, das unter ihr hell erglänzt. Nach der anderen Seite hin, landeinwärts, gegen Osten, erhebt sich über den lichten Häusern – jetzt in mildem Weiss und Rosa, drei, vier Pinien dazwischen – der breite olivengrüne Monte Epomeo (780 m hoch), der erloschene Vulkan. Das alte Kraterbecken sieht man noch gut und den am Abhang liegengebliebenen Lavastrom. Es ist jetzt Olivengrün darüber gewachsen, aber überall liegen noch Steinblöcke. – Ich werde einmal hinaufsteigen.

Das Wesentliche vom Unwesentlichen herausgreifen, das ist mein grösster Kampf. Ich gehe jetzt energisch dahinter. In der Kunst, in den Briefen und Berichten sowie im Leben. Von der Kunst aus wird es auch auf die andern Gebiete übergreifen, so hoffe ich.

15. November 1931
Forio d'Ischia

Ich arbeite viel. Es geht besser. Wie die Dinge sich verquicken in Form und Farbe – oder nur in der Form, nur in der Farbe – und daraus etwas ganz Neues entsteht in der Erscheinung, das interessiert mich ausserordentlich. (Die Anfänge in dieser Richtung gehen schon zirka 2 Jahre zurück. Dieses Bedürfnis ist aber immer bestimmter und bewusster geworden.) Die Dinge in ihrer abgeschlossenen Form aufzulösen, ihr Wesen über ihre Konturen hinaus sprechen zu lassen – je nachdem zu verschmelzen mit der Umgebung oder andern Dingen, dahin geht mein schöpferischer Wille.

Mit welch künstlerischer Freiheit ist doch Rilke über den Kontur – den intellektuellen Kontur – hinausgegangen!, wenn er Menschen schildert.

3. Dezember 1931
Forio d'Ischia

Die Sonne geht unter
(Insel Ischia)
1931
35 x 26 cm
Aquarell

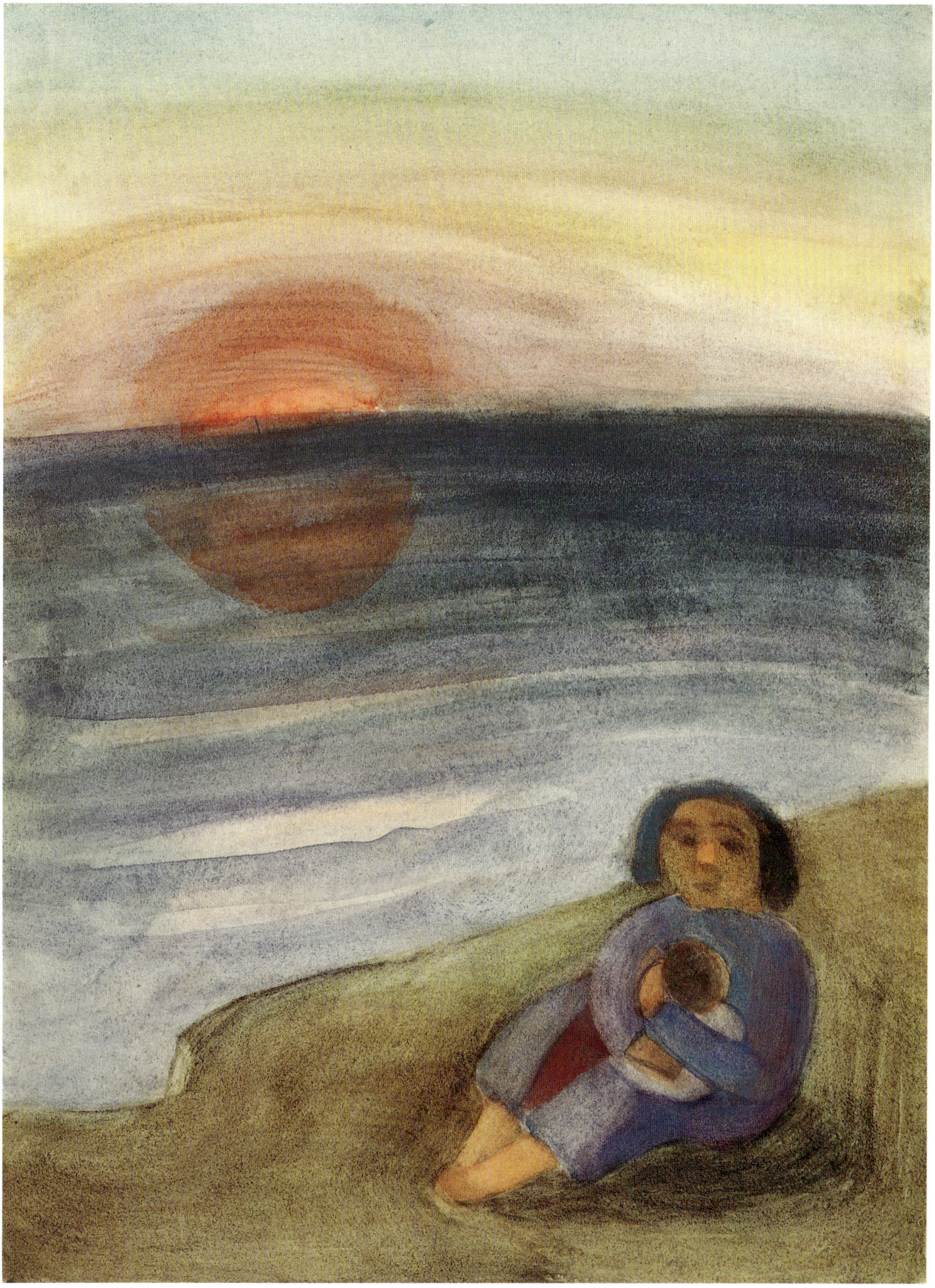

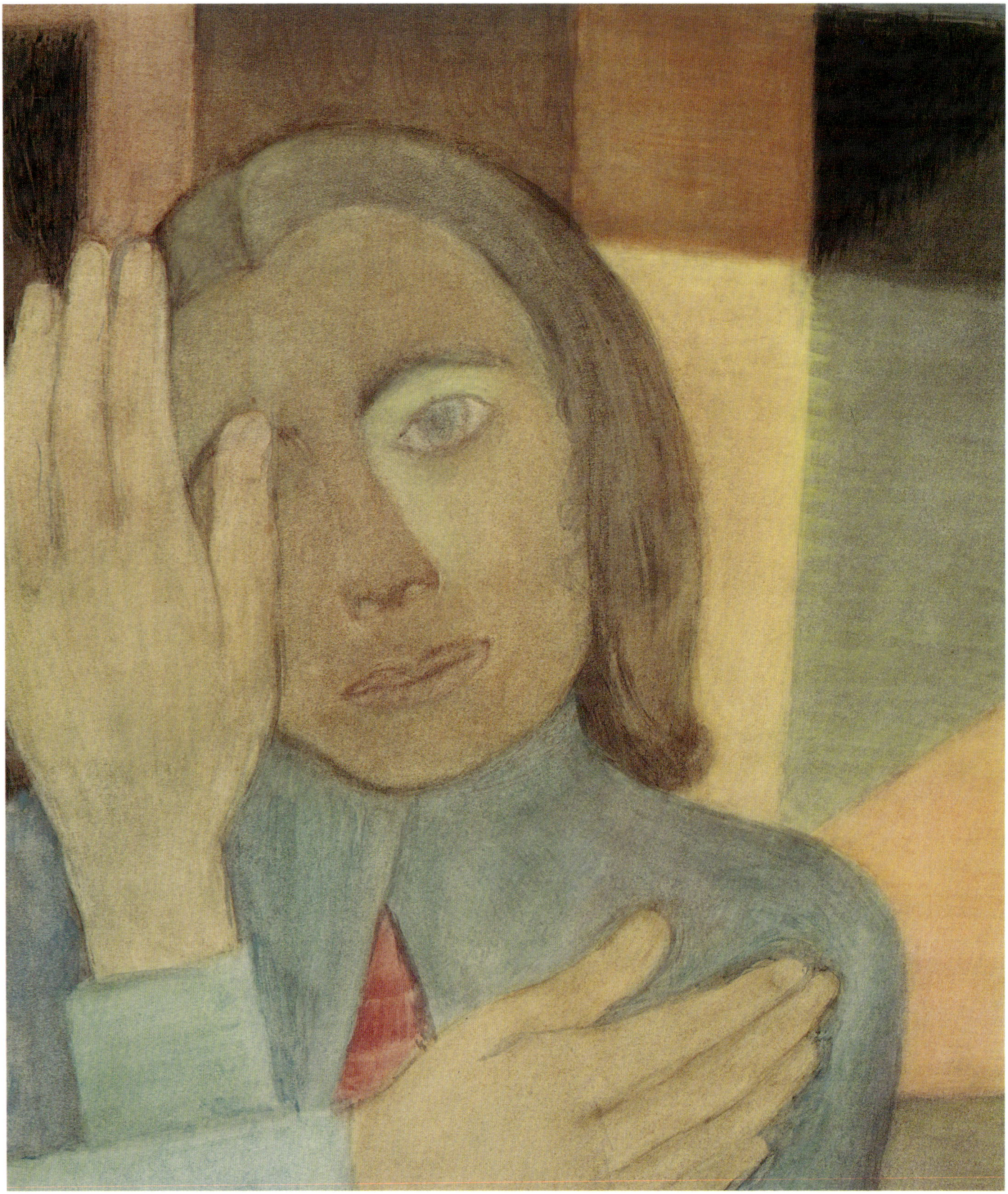

7. Dezember 1931 Capri	Heute habe ich zwei Orangen gemalt auf meiner stark orangen Decke – und statt der Zimmerwände taucht hinten das Meer auf. Es ist eine Reminiszenz eines Bildes, das ich im Herbst von Otto Morach gesehen und das mich so beeindruckt hat: ein Stilleben in Südfrankreich. Statt der Orangen liegen ein toter Fisch, eine Zeitung auf dem Tisch, und ein Glas mit rotem Wein steht daneben. Ich habe ein starkes Bedürfnis, die Bilder aufzubauen, die Fläche immer wieder neu zu gestalten, die Dinge in ganz bestimmte Zusammenhänge zu bringen. Meine künstlerischen Probleme sind andere, als wie sie von Dornach ausgehen. (Die gleiche Idee ist aber doch zugrundeliegend.)
12. Dezember 1931 Capri	Seit gestern abend rast ein wahrer Orkan über die Insel. Die ganze Nacht habe ich schlaflos gelegen. Dafür bin ich aber inspiriert worden zu Bildern, Bilder, die ich innerlich geschaut. Und ich bin zu der Erkenntnis gekommen, dass die Farbigkeit dieses Südens – so wie sie sich jetzt offenbart – ganz stark in meiner Seele weiterlebt. Meine Seele ist ganz Farbe. Was sich mir hier darlebt, ist ja Farbe und Seele zugleich. Ich bin noch nie so stark beeindruckt worden in dieser Art, in Italien; überhaupt noch nirgends von dieser Einheit von Farbe und Seele.
24. Dezember 1931 Oberhofen	Heiliger Abend nach 11 Uhr nachts. Ich bin in Oberhofen. Im Zimmer nebenan schlafen die beiden Kinder meines Bruders, nachdem sie sich an meinem Bäumchen und an der daruntergestellten Krippe so von ganzem Herzen gefreut haben. (Am Bäumchen sind nur ein paar goldene Sterne, der Sichelmond, zwei goldene Täubchen und viele Lichtlein.) Schon in Italien habe ich mich darauf gefreut, auf diese Stube, wo sich die Lichter auf dem dunklen Holzboden spiegeln, gefreut auf das Christbäumchen. Nur die Kinder und ich haben heute gefeiert.
18. Mai 1933 Oberhofen	Ich bin in der Kunst verlassen von allen Göttern! Weiss nicht mehr, was ich will. Arbeite mit dem Intellekt. Plage mich wieder einmal so richtig ab: das Resultat ist deprimierend! Aber nachts kommt der Tröster. Nicht quälende Träume verfolgen mich, sondern solche, in denen ich staune. Staune über etwas Unerwartetes: das Meer, eine entzückende Frühlingslandschaft in Silbergrau und Rosa. (Ein blühender Kirschbaum hebt sich schneeweiss ab.) Oder: ich entdecke einen neuen Weg, einen, den ich früher (oder beim ersten Gehen) nicht gesehen hatte. Meist ist es ein Wiesenweg. Oder ein Alpweg: er hört auf. Nach eifrigem Spähen entdecke ich seinen Fortgang (und zwar höher oben) jenseits des Schnees. Erleichterung und Freude als Seelenvorgang. Grosse Freude, gefunden zu haben, z.T. auch Erwartung auf das Unbekannte. Die Hauptsache ist, dass ich etwas vor mir sehe.

Sich schützend vor der Aussenwelt
(Selbstbildnis)
1930/1932
47 x 41 cm
Öl auf Papier

19. Mai, am Tag, nachdem ich geschrieben habe, ich sei verlassen von allen Göttern: plötzlich die Mauer durchstossen! Ich beginne mit einem Oelbild (Italienerin mit weissem Kopftuch), das mich ungewöhnlich fesselt. Arbeite intensiv daran gute 6 Stunden, sozusagen ohne Unterbruch, bis abends nach halb zehn Uhr. Am liebsten die ganze Nacht durchgearbeitet. Gott sei Dank für diesen Durchbruch! Früh genug wird wieder eine Mauer dastehen.

19. Mai 1933
Oberhofen

Im Kunsthaus Zürich: Gedächtnisausstellung von Otto Meyer-Amden.
   Sozusagen im ersten Augenblick Kontakt gefunden zu diesen Bildern. Interessant war für mich besonders die Reihenfolge verschiedener Darstellungen ein und desselben Themas: wie Meyer immer mehr abstrahiert vom Natureindruck, wie er seine erste Darstellung filtriert zur zweiten – und so weiter, selbst bis zur zehnten! Bis die mehr geistige Essenz zurückbleibt. Daran habe ich gelernt, wie der Künstler vom Sinneseindruck erst nach und nach zur Imagination vordringt. Allerdings durch ernsthafte geistige Arbeit. (Wenn schon der erste Eindruck etwas Imaginatives enthält, so ist er doch noch als Sinneseindruck nachzufühlen, nachzuweisen.) Es war mir ein Erlebnis, zu verfolgen, wie dieser Künstler sich nach und nach vom Äusseren gelöst hat in steter Metamorphose.

4. Januar 1934
Oberhofen

Im Dorf war ein kleiner Drehorgel-Mann. Er hatte nur den einen linken Arm; drehte und fing an zu singen: «Addio, bella Napoli, addio!» Traumverloren sang er es. Vielleicht lebte sein Land, Italien, in ihm.
   So etwas ergreift mein Herz mächtig.

16. August 1935
Oberhofen

Am Sylvester 1935 spät abends:
   Ich bin ganz allein, allein in dem alten Haus, und zum letzten Mal feiere ich den Abschluss des Jahres in Oberhofen. Ich wäre eingeladen gewesen in Bern, an einer Gesellschaft teilzunehmen; aber ich habe abgelehnt. Denn ich fühle mich ja nicht alleine hier: meine eigene Welt ist nicht arm, und zudem liebe ich es, in Gedanken mich mit den Menschen, zu denen ich eine innere Beziehung habe, zu verbinden. Ich werde jetzt nochmals das schöne Christbäumchen anzünden.

31. Dezember 1935
Oberhofen

… In der intimsten, in der verinnerlichsten Zeit des ganzen Jahres sind meine Räume so festlich und beseelt. Es ist ja wohl meine Seele, die sich darin ausbreitet, die über all den Dingen ruht.

10. Januar 1947
Faulensee

Italienerin. Mai 1933/1942. 55 x 39,5 cm. Öl auf Karton

Aus Briefen der Künstlerin

Du weisst es, meine Bilder unter den andern wiederzusehen im Goetheanum war mir eine tiefe Enttäuschung und Beschämung. Ich fühlte alles, was ich bis jetzt künstlerisch geleistet, in mir bis auf den Grund zusammenstürzen. Und doch hätte ich mir nichts von dem, was dort hing, zum Vorbild nehmen können. Ich sehe darin keine Entwicklungsmöglichkeit. Ich weiss, dass ich mich immer wieder wandeln werde. Ich muss ehrlich *meinen* Weg gehen.

Ich habe viel gelernt durch diese Enttäuschung – und habe mich wieder aufgemacht, um neu zu versuchen.

24. Oktober 1930
Oberhofen
An Louis Moilliet

Ich bin den Abhang hinaufgestiegen, der jetzt so schön ist. Der Wald, gemischt mit Buchen, Weiss- und Rottannen und Lärchen, hat jetzt die Farbigkeit der Gobelin-Teppiche im Musée de Cluny in Paris. Die Lärchen stehen als hellstes Grün darin, zart wie im Frühling. Hinter und über diesem Wald sieht es aus wie an Weihnachten, frostig weisse Berge. Es stehen die Berge tief verschneit auch auf der andern Seite des Sees, es ist weiss bis an den See hinunter. Und hier, als Vordergrund vor diesem Winterweiss, stehen noch all die Birnbäume, die Kirschbäume in ihren Blättern, in rotem und orangenem und gelbem Farbenüberflusse. Es ist ein seltsamer Anblick. – Ich habe die letzten Feldblumen mit besonderer Liebe gepflückt. Zart violette Skabiosen, Salbei und Klee. An einigen klebte noch ein Bienchen.

4. November 1930
Oberhofen
An Louis Moilliet

Ein Glanz der Verklärung ist heute von den Dingen ausgegangen. Ein Leuchten von innen heraus. Die Kirschbäume und die Buchen sind jetzt nur noch da als Farbe: als altes, warmes Gold. Aber die Birnbäume sind rot; sie sind purpurrot und ihre Stämme schwarz. Dahinter liegt die zarte Bläue des Sees und der verschneiten Berge.

Die Sonne ist warm, und der See hat einen Glanz, einen Glanz, als wäre er ein beseeltes Auge. – Ich bin froh über die Sonnenwärme und steige den Abhang hinan und nehme Abschied von den Dingen. Denn mit einem Mal kann alles vorbei sein.

Sonntag, 9. November 1930
Oberhofen
An Louis Moilliet

… Bilder von Schiess kommen mir in den Sinn. Besonders sein Weiss, seine Vorliebe für Weiss, aufgesetzt auf lichtes Blau. Das viele Weiss der getünchten Häuser und Kirchen ist mein Entzücken! Es ist wie frischgefallener Schnee oder auch wie Kirschblust unter herrlichem Blau. Man müsste so etwas in Öl malen, und zwar zuerst alles blau – und auf all das Blau, wenn es trocken ist, das Weiss ganz zart darüber legen, das festliche, das bräutliche Weiss ausbreiten über das Blau…Ein Blau, das Fra Angelico gemalt hat. – Warum kann ich es nicht so malen, so wie ich es beschreibe?

6. November 1931
Ischia
An Louis Moilliet

Oberhofen. 1933. 33 x 27 cm. Farbstift

... Es sind hier doch noch nicht so ganz Deine durchlichteten Farben. Oder aber ich greife andere heraus. Ich habe eine Vorliebe für das Meer, wenn es dunkel ist wie Tinte. Dann ist es gross, ja gewaltig – und kommt meiner Seele nahe. An einem solchen Tage habe ich ein Segelschiff beobachtet, draussen auf diesem schweren Wasser. Seine drei gespannten Segel sind ganz dunkel gewesen, seine Masten haben den Horizont noch durchschnitten. Aus der Farbe des Meeres heraus war es gestaltet – und doch war es etwas für sich – aber etwas, das nur wesenhaft wird, wenn es auf dem Meere schwimmt. Wie ein Wunder hat es mich berührt. Und so gross hat es gewirkt, trotzdem es für das Auge weit weg war. Später tauchte es weiter im Osten wieder auf, völlig verwandelt: die Segel jetzt weiss aufleuchtend, denn die Sonne fiel darauf. Wie heiter schien es jetzt zu winken! Zu winken, als ob hundert weisse Taschentücher flatterten.

7. November 1931
Ischia
An Louis Moilliet

Worauf es mir ankommt in meiner Malerei:

1. Auf bewusstes Gestalten; d.h. Einteilen der Fläche, das dann eine «Komposition» ergibt.
2. Auf Formgebung – die oft einen Rhythmus entstehen lässt.
3. Auf das Eindringen in die Welt der Farben!
4. Auf Reinheit, Leuchtkraft und Durchsichtigkeit der Farbe.
5. Auf den «Farbklang».
6. Auf das Gleichgewicht.
7. Äusseres Geschautes wird verinnerlicht, wird zur Aussage.

1. Februar 1981
Thun
An Margret Künzi, Malerin

Damengesellschaft,
vorwiegend in Weiss
1965
63 x 100 cm
Öl auf Leinwand
Kunstmuseum Thun

Etwas, das eigentlichste Aufgabe der Kunst ist: das Unsterbliche, das überall «hineingeheimnist» ist (laut Goethe), sichtbar werden zu lassen. Für den Maler ist eine Selbstdarstellung in diesem Sinne eine Begegnung mit sich selber, mit seinem ewigen Wesenskern.

Für Eure wunderschöne Karte von Segantinis Selbstdarstellung habt vielen Dank! Ganz spontan ist mir eine Verwandtschaft mit ihm aufgegangen: in der Verinnerlichung alles Gegebenen und dementsprechend auch dem tiefen Ernst im Ausdruck. Also hat Euer Kartengruss zu einer wertvollen Entdeckung beigetragen!

Zum Selbstbildnis von 1984: Bewegte Formen.

Dieses Selbstbildnis ist erstaunlich rasch entstanden – nach langer Malpause. Wenn Du von der bewegten Linie sprichst, müsste auch beigefügt werden, dass sogleich eine *Gegen*bewegung sich eingestellt hat, die sich an einem Punkt ganz nahe berührt mit der andern Linie (Form) von links nach rechts. Und nachdem ich lange überlegt, wie meine eigene Einstellung zu dieser Selbstdarstellung auszudrücken sei, möchte ich sagen: es ist eine «Verobjektivierung» (gleich bedeutend einer Distanzierung) meiner selbst – eine Loslösung von mir – eine Art Vergrösserung meines Selbstes. Vom Bild selber äusserte sich eine Besucherin: die abgedunkelte Seite, rechts, sei Ausdruck der Vergangenheit – die belichtete, helle Seite sei der Zukunft zugewandt.

19. November 1945
Faulensee
An Hella Huber,
Nichte der Künstlerin

15. Oktober 1982
Thun
An Marlis und Hans Suter

21. August 1984
Thun
An Hans Suter

Die Malerin mit Marlis Suter
auf der Terrasse der Wohnung
an der Gottfried-Kellerstrasse 5
in Thun, 1970

Bewegte Formen
(Selbstbildnis)
1984
60 x 60 cm
Öl auf Leinwand

H.P., 1985

Gedanken und Zitate von Helene Pflugshaupt, gesammelt und notiert von Hans Suter

«Ach, es fällt mir manchmal so schwer, das auszudrücken, was ich denke und fühle; so ganz unmittelbar auszudrücken. Zuweilen wird etwas anderes daraus, wenn es auf dem Papier ist. Es ist auch hier wie in der Kunst. Gestaltungskräfte muss der Wille aufbringen.»

H.P., 1971

«Oft arbeite ich während Wochen an zwei oder drei Bildern nebeneinander. Es kommt vor, dass ich dieselbe Farbe nacheinander in zwei Gemälde einsetze. Immer wieder betrachte ich die werdenden Bilder möglichst unvoreingenommen und überarbeite sie. Nicht selten nehme ich ein Bild nach Jahren wiederum hervor und gestalte es um.»

Der Bittende
1927/1973/1988
65,5 x 49 cm
Öl und Aquarell auf Papier

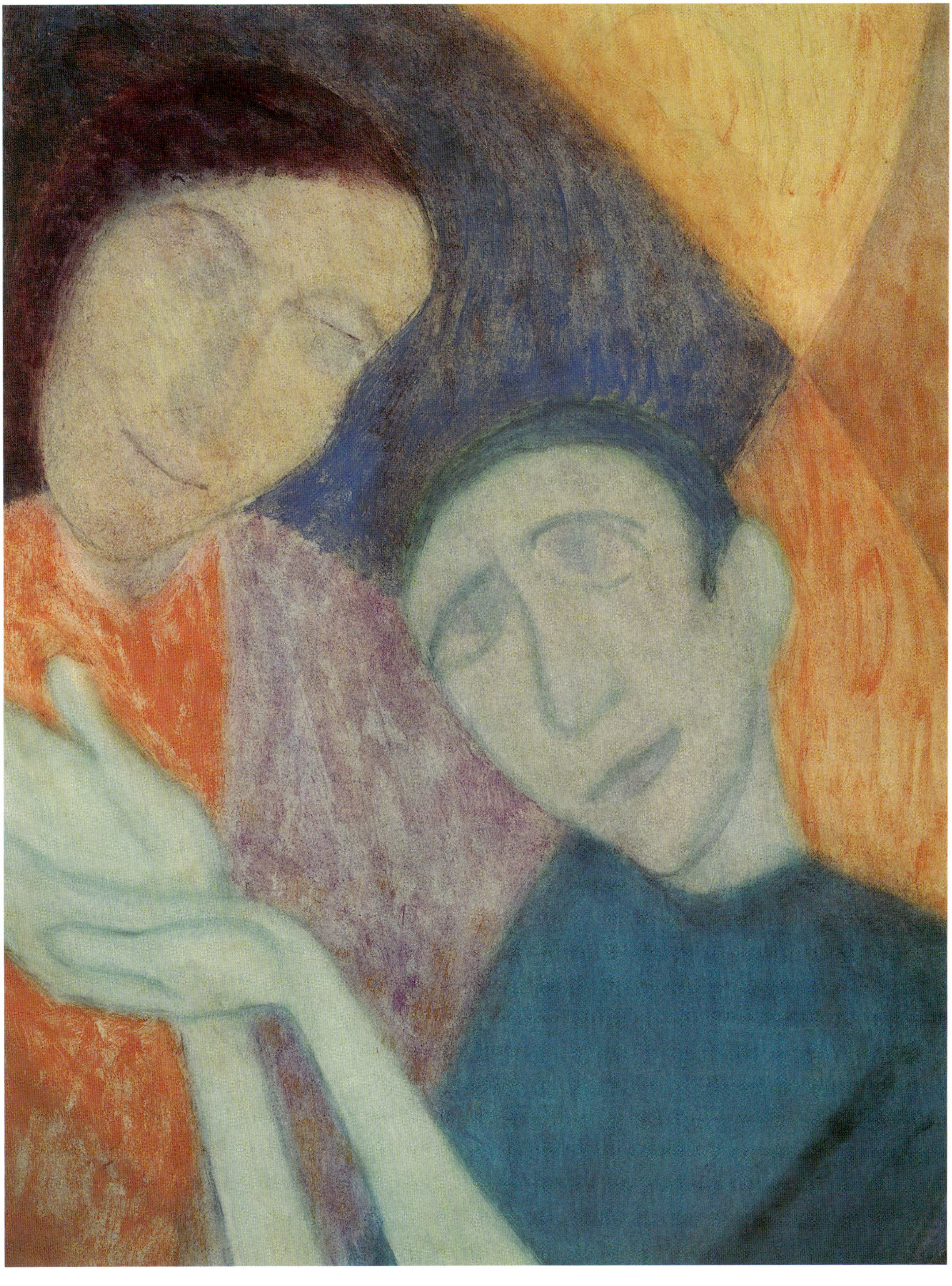

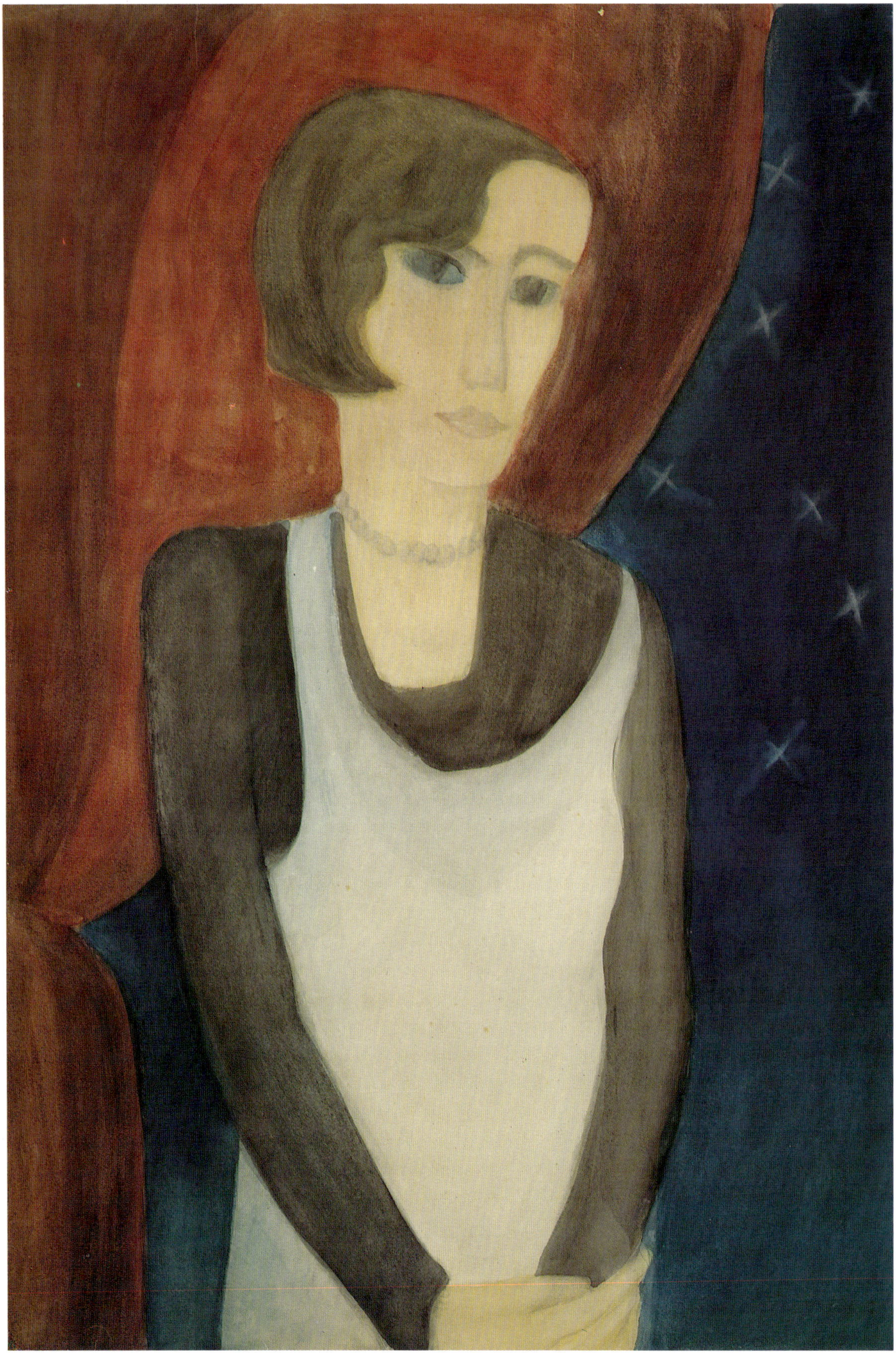

«Warme und kalte Farben nebeneinander bewirken eine Spannung. Es geht dann darum, das Bild gestalterisch dennoch in ein Gleichgewicht zu bringen.»

Saaltochter
1929
70 x 48 cm
Aquarell

«Ich gehe beim Malen vom Irdischen aus und versuche
es zu entmaterialisieren.»

Blind
(Oder: Das unbeschriebene Blatt)
Ohne Datum
100 x 45 cm
Öl auf Leinwand

65

«Ein Kunstwerk müsste von innen heraus, vom seelischen Empfinden her betrachtet werden, damit es Eingang finden kann.»

Harmonische Stimmung,
die ein kleines Kind verbreitet
Ohne Datum
49 x 65,5 cm
Aquarell

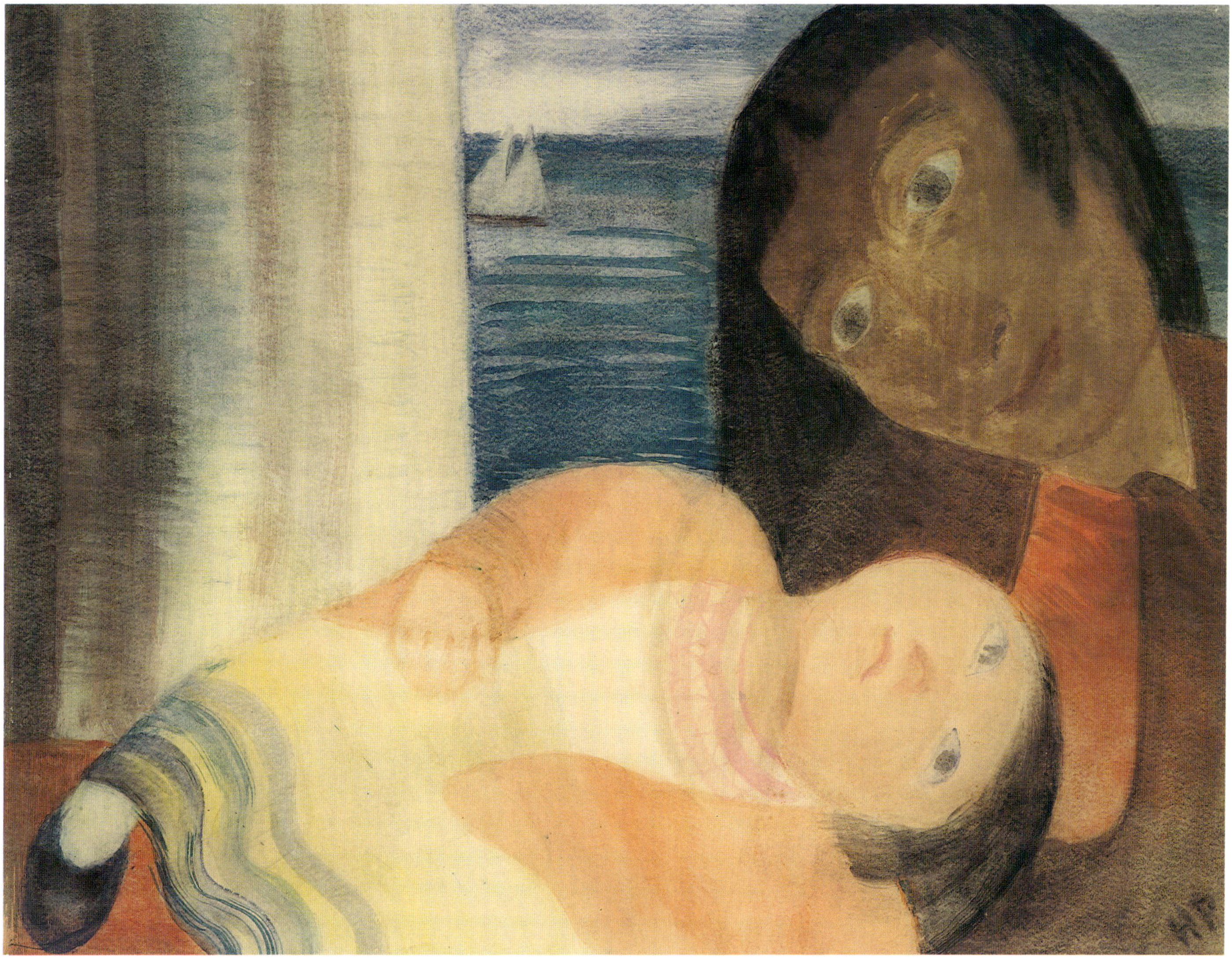

«Wenn ein Kunstwerk harmonisch – im Gleichgewicht – ist, vermag es auch den Betrachter harmonisch zu stimmen und in ein Gleichgewicht zu bringen.»

Schloss Oberhofen
und Simmenfluh
1932
28,5 x 21 cm
Bleistift

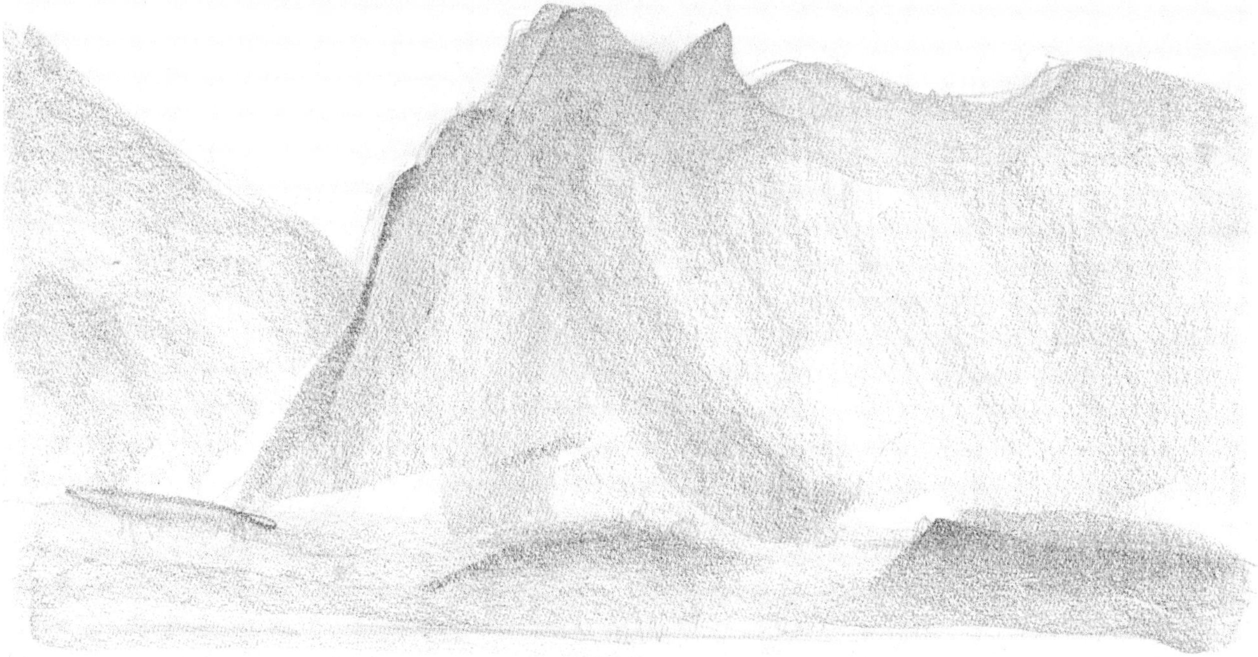

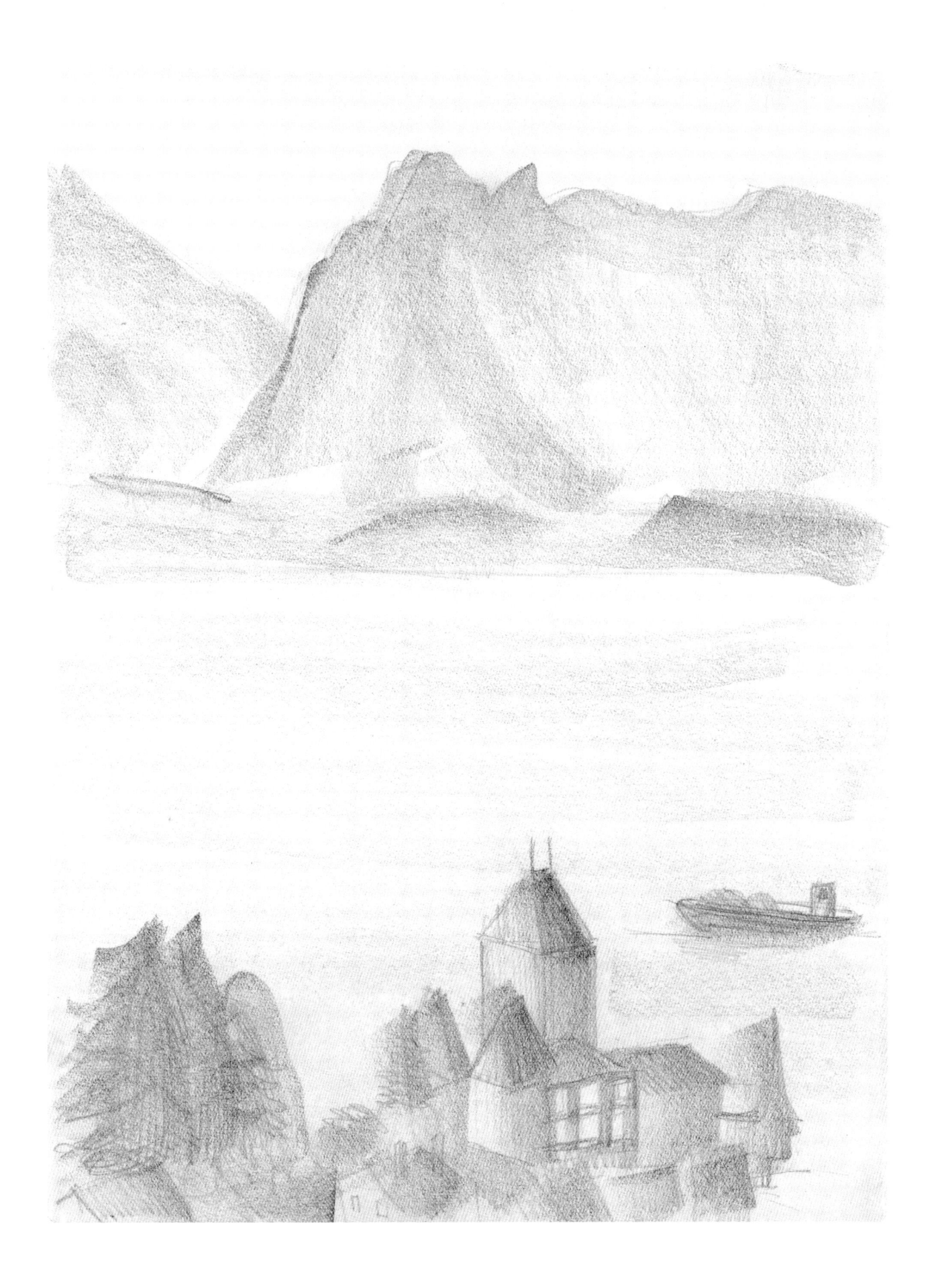

«Bleibende Kunst greift unter die Oberfläche.»

Frau Poeppiz
1932
57 x 36 cm
Farbstift

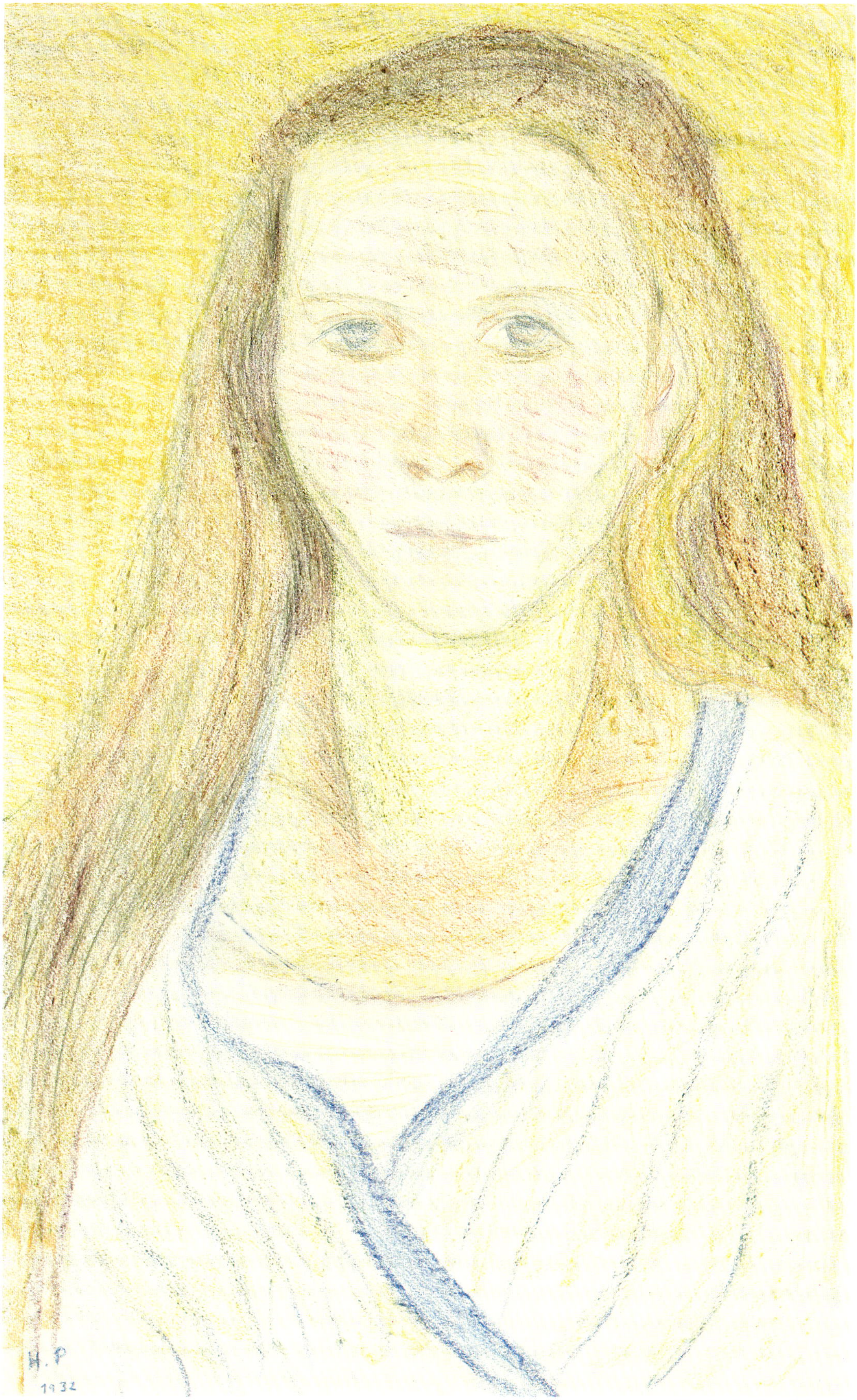
H. P
1932

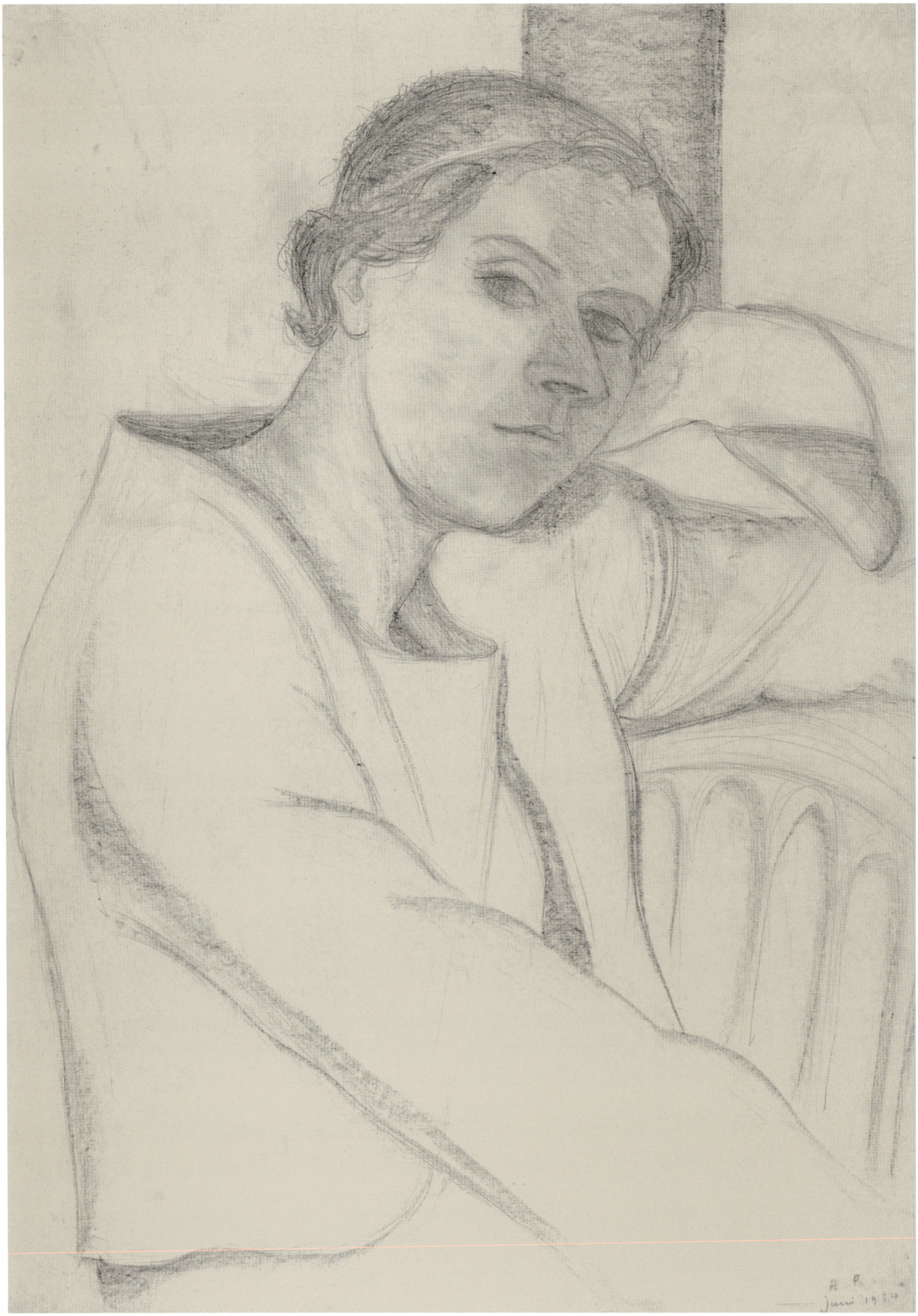

«Bewusstes Träumen ist meditieren.»

Betrachtsam
1934
70 x 50 cm
Bleistift

«Die für mich beste Zeit zum Malen ist die Dämmerung: wenn der Kontrast von Licht und Schatten aufgehört hat; wenn das Gegenständliche seine scharfen Konturen verliert und anfängt, eins ins andere weich überzugehen. Alles Harte löst sich auf. Es liegt dann etwas unglaublich Mildes über allem, ein Ausgleich zwischen Licht und Schatten, Tag und Nacht, zwischen Leben und Tod.»

In der Dämmerung
(Walliserin)
1934/1942
70,5 x 50 cm
Öl auf Leinwand

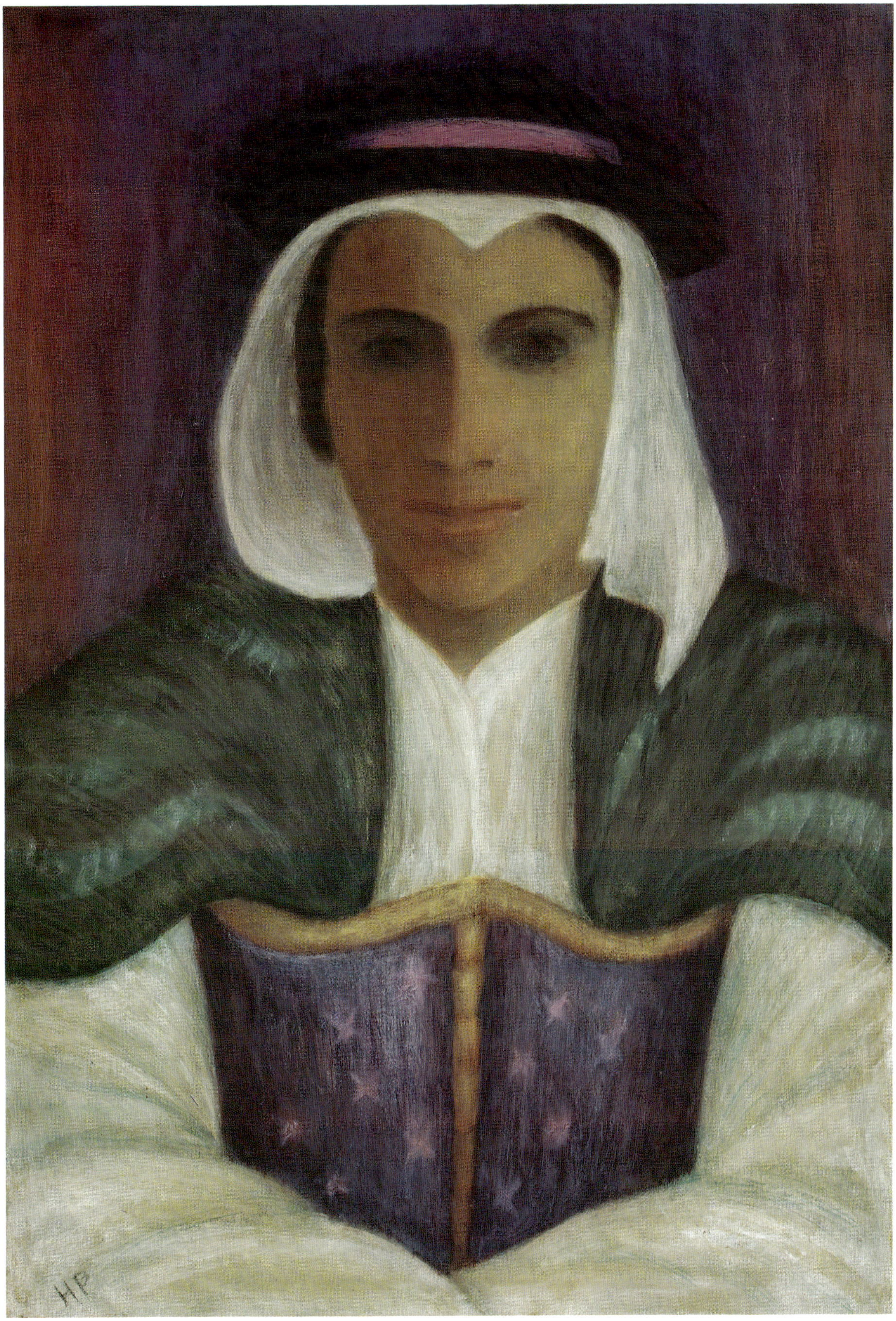
HP

76

«Ich wurde von Anfang an mehr von der Gestaltung mit Formen und Farben angezogen als von der impressionistischen Pleinairmalerei.»

Mondaufgang im Wallis
Ohne Datum
73 x 40,5 cm
Öl auf Papier

«Die naturgetreue Wiedergabe, wie sie beim akademischen Aktzeichnen und Porträtieren gefordert wird, ist nicht Kunst, sondern blosse Technik. Auch wenn mich mein Münchner Studium mit dem ausschliesslichen Akt- und Kopfzeichnen langweilte, hat es mir dennoch etwas Entscheidendes gebracht: ich lernte genau beobachten!»

Die Greisin
(Meine Mutter)
1937
55,5 x 43,5 cm
Farbstift

13. Mai 1937

«Mein bester Lehrmeister war mir die italienische Renaissance (Giotto, Angelico, Fra Filippo Lippi, Botticelli usw.). Auch Hodler war mir stets Vorbild: sein bewusstes Gestalten, seine eindeutige, klare Formgebung, seine Bildaussage und seine Willenskraft! Weiter haben mich Paul Klee, Edvard Munch, Emil Nolde, Hans von Marées, Paula Modersohn, Augusto Giacometti und Otto Meyer-Amden beeindruckt, vor allem die Abgestimmtheit ihrer Farben, die Farbklänge. Auch wenn die Bilder eines Hans von Marées meist dunkeltonig sind, so besitzen sie doch stets ein zentrales Leuchten, ähnlich wie die Gemälde von Rembrandt.»

Die Greisin
(Meine Mutter)
1937/1938/1939
70,5 x 49,5 cm
Öl auf Leinwand

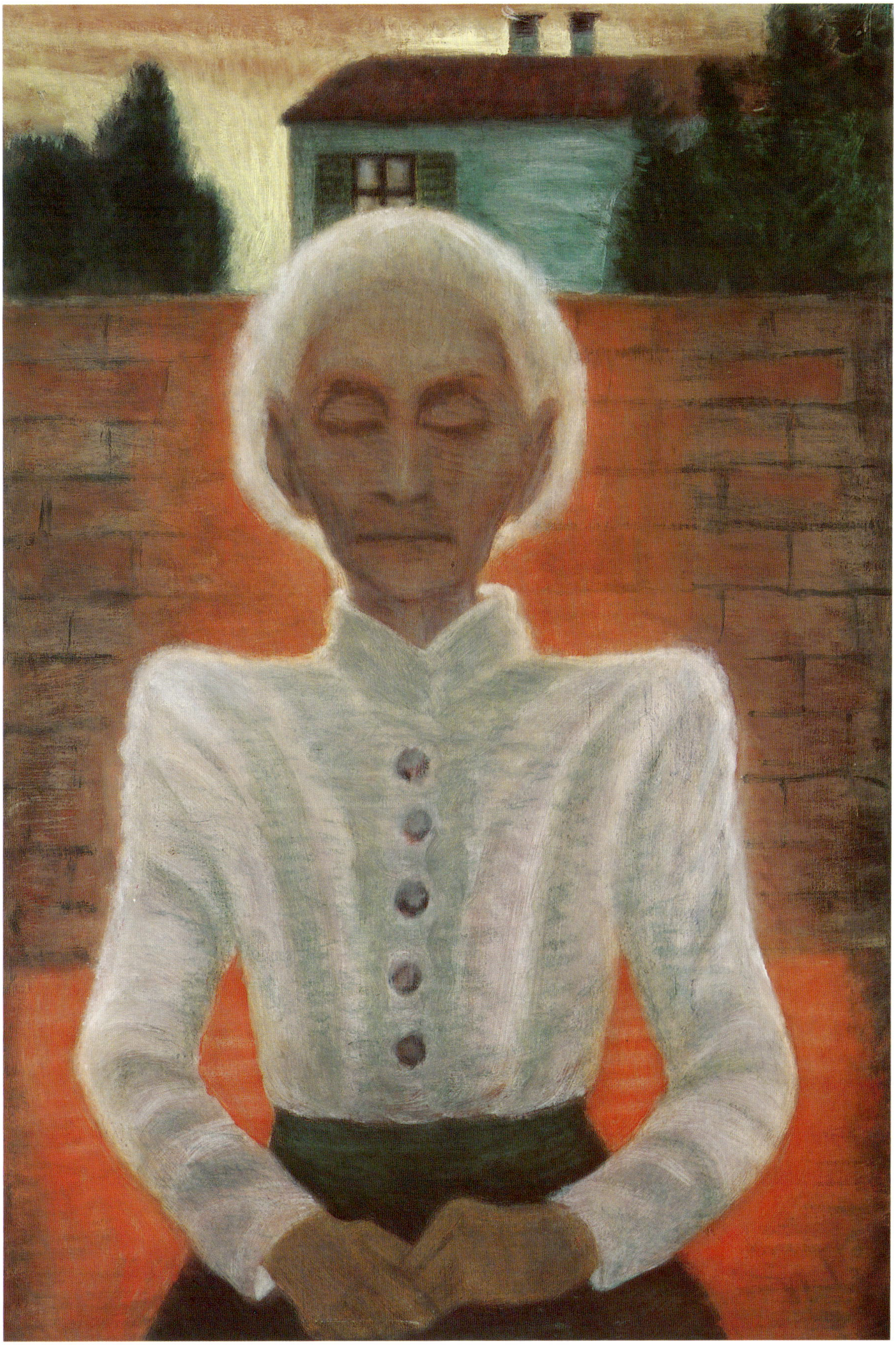

«Bei der Lehrtätigkeit scheinen mir Phantasie und Heiterkeit
von besonderer Bedeutung zu sein.»

Schulmädchengruppe in Blau-Violett
1938
96 x 48,5 cm
Öl auf Leinwand
Eigentum der Schweizerischen
Eidgenossenschaft (Bundesamt für Kultur)
Deponiert im Musée cantonal
des beaux-arts in Sion

83

«Goethes Formulierung: ‹Das Was bedenke, mehr das Wie!› bedeutet mir viel. Im künstlerischen Schaffen ist die Darstellungs- und Malweise wichtiger als die Motivwahl.»

Familiengruppe
Ohne Datum
80 × 64,5 cm
Öl auf Leinwand
Eigentum des Staates Bern

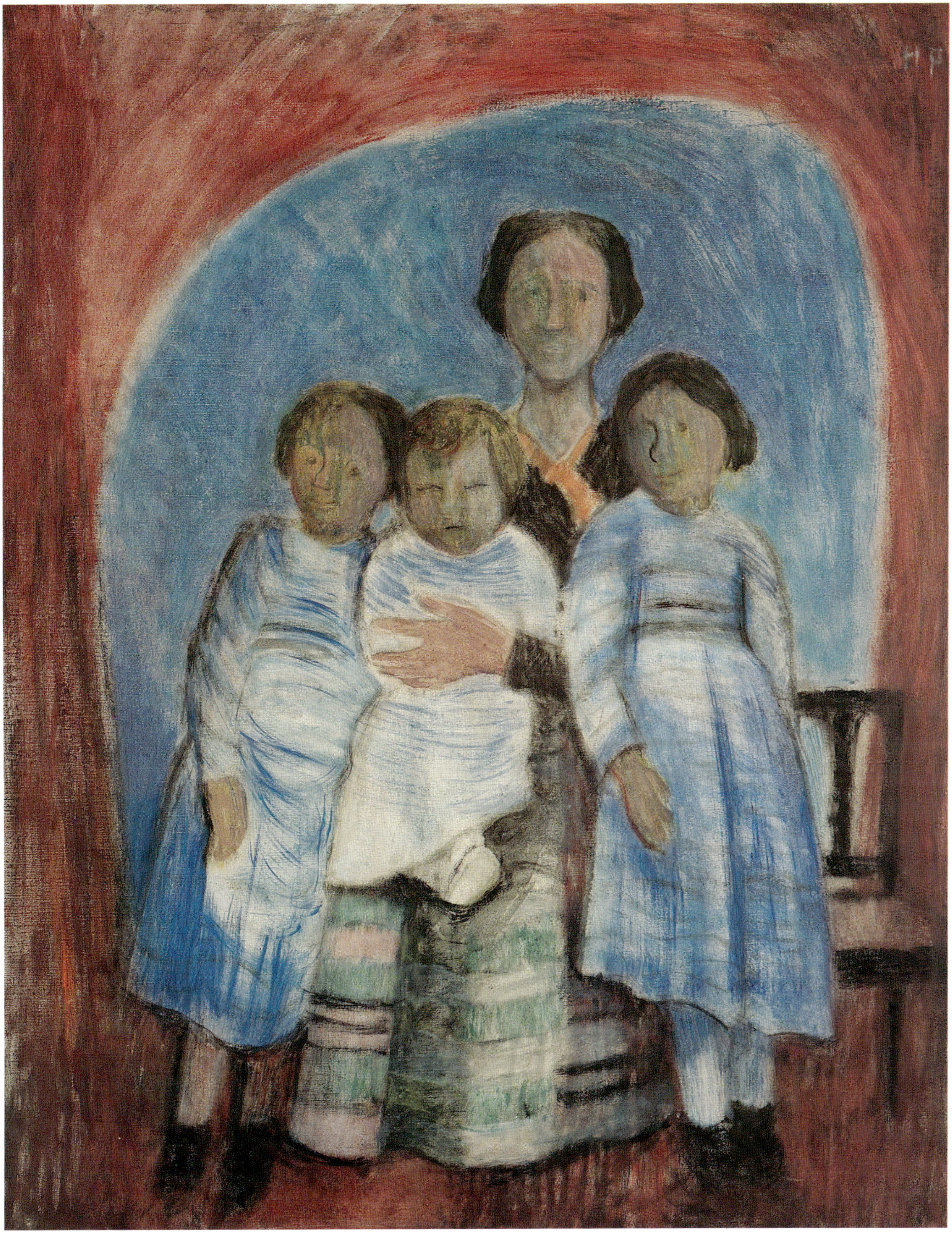

«Für meine Arbeit sind meine Verfassung und meine Stimmungslage bestimmend. Ich warte jeweils auf die Muse, auf dass sie gnädig durch das Schlüsselloch in mein Atelier eintrete.»

Auf der Promenade
ca. 1945
48 x 59 cm
Pastell

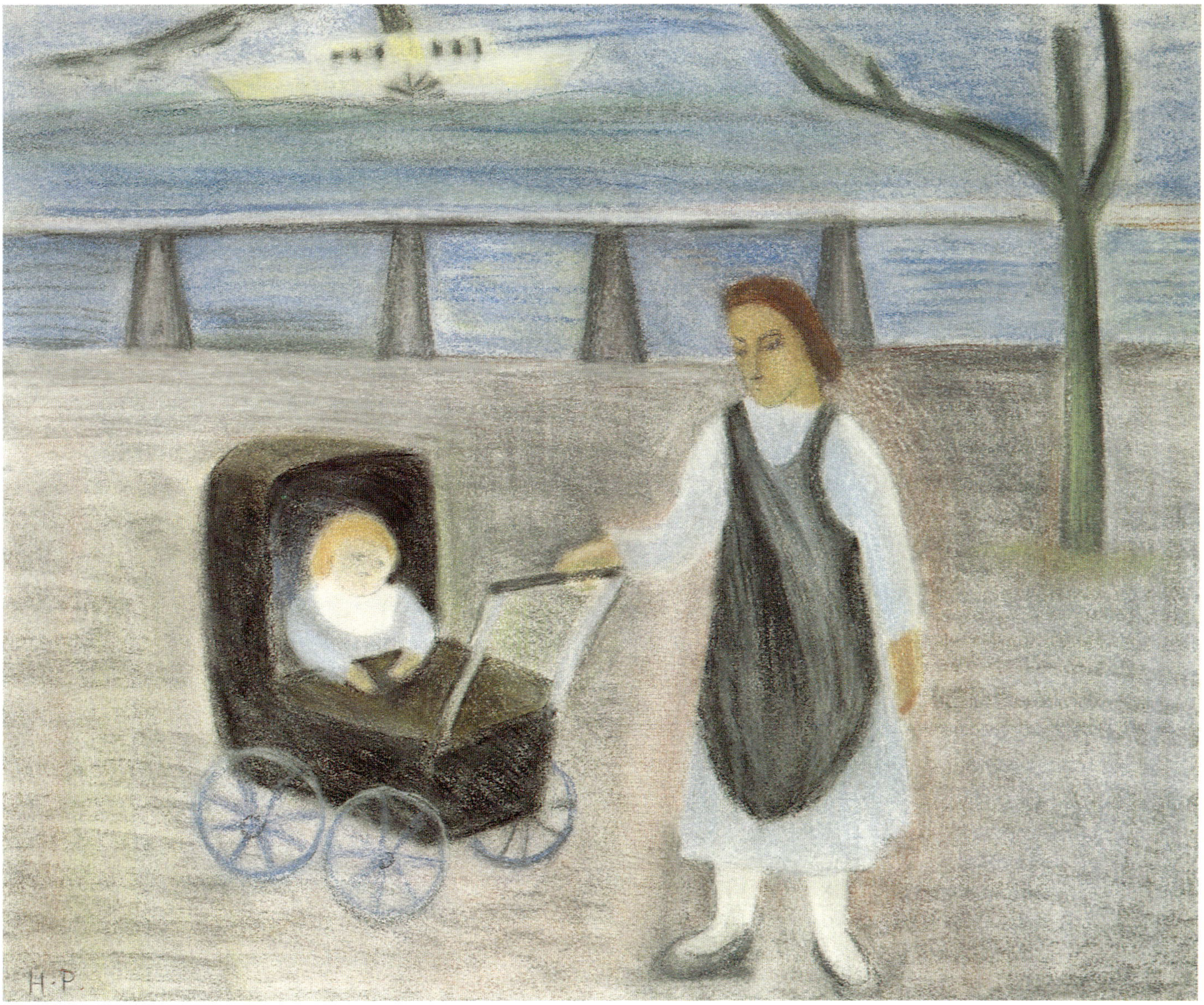
H.P.

«Wenn es mir nötig erscheint, stelle ich die Form zugunsten der Farbe zurück.»

Mit weissem Häubchen
Ohne Datum
38 x 51 cm
Öl auf Papier

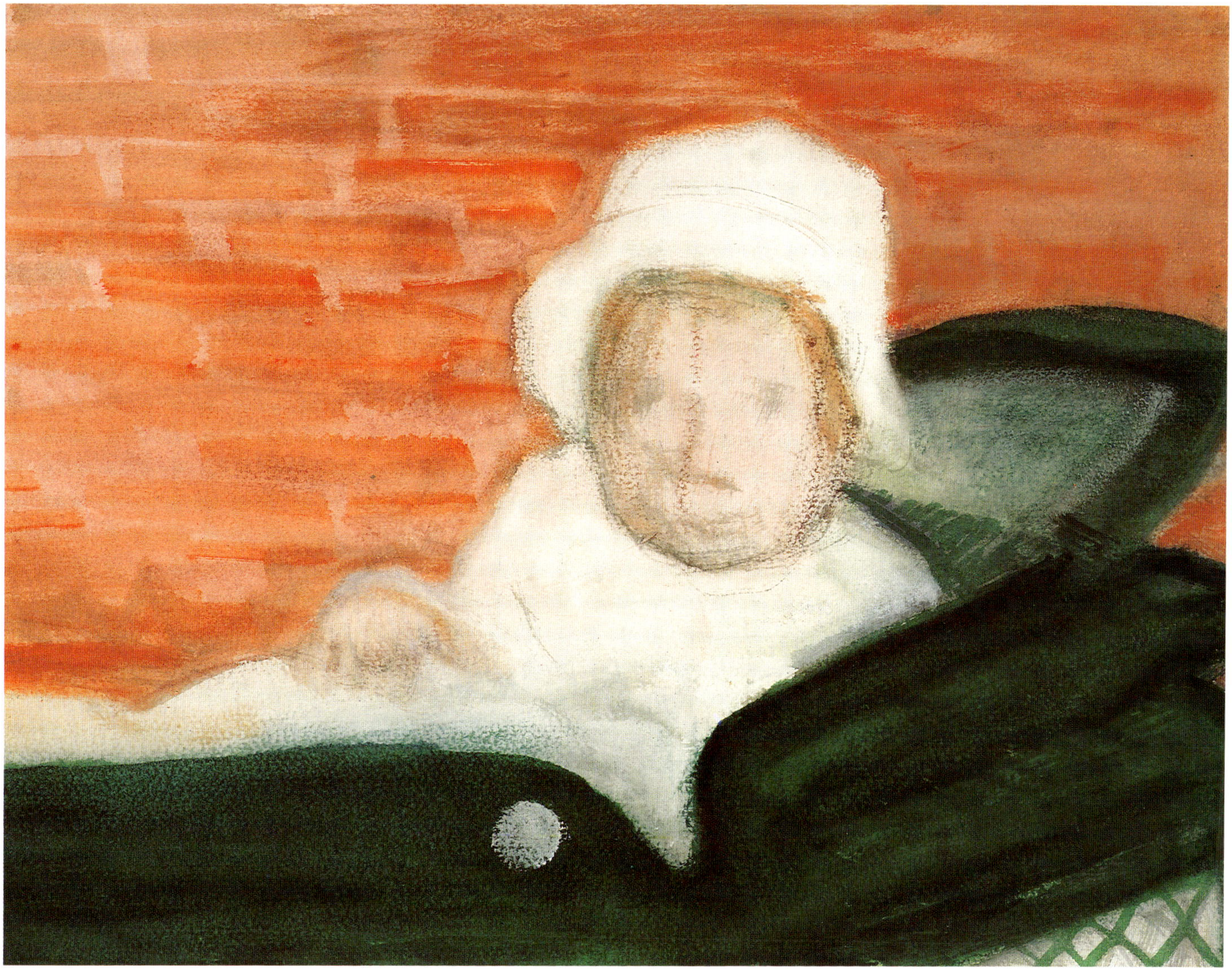

«Einem guten Bild kommt nicht nur seine gedankliche Aussage zu, sondern ebensosehr der schöpferische Prozess; d.h. die künstlerische Gestaltung, das Reifen und Werden der Aussage in Form, Farbe und Komposition.»

Nach dem Bade
Ohne Datum
62 x 42,5 cm
Öl auf Karton

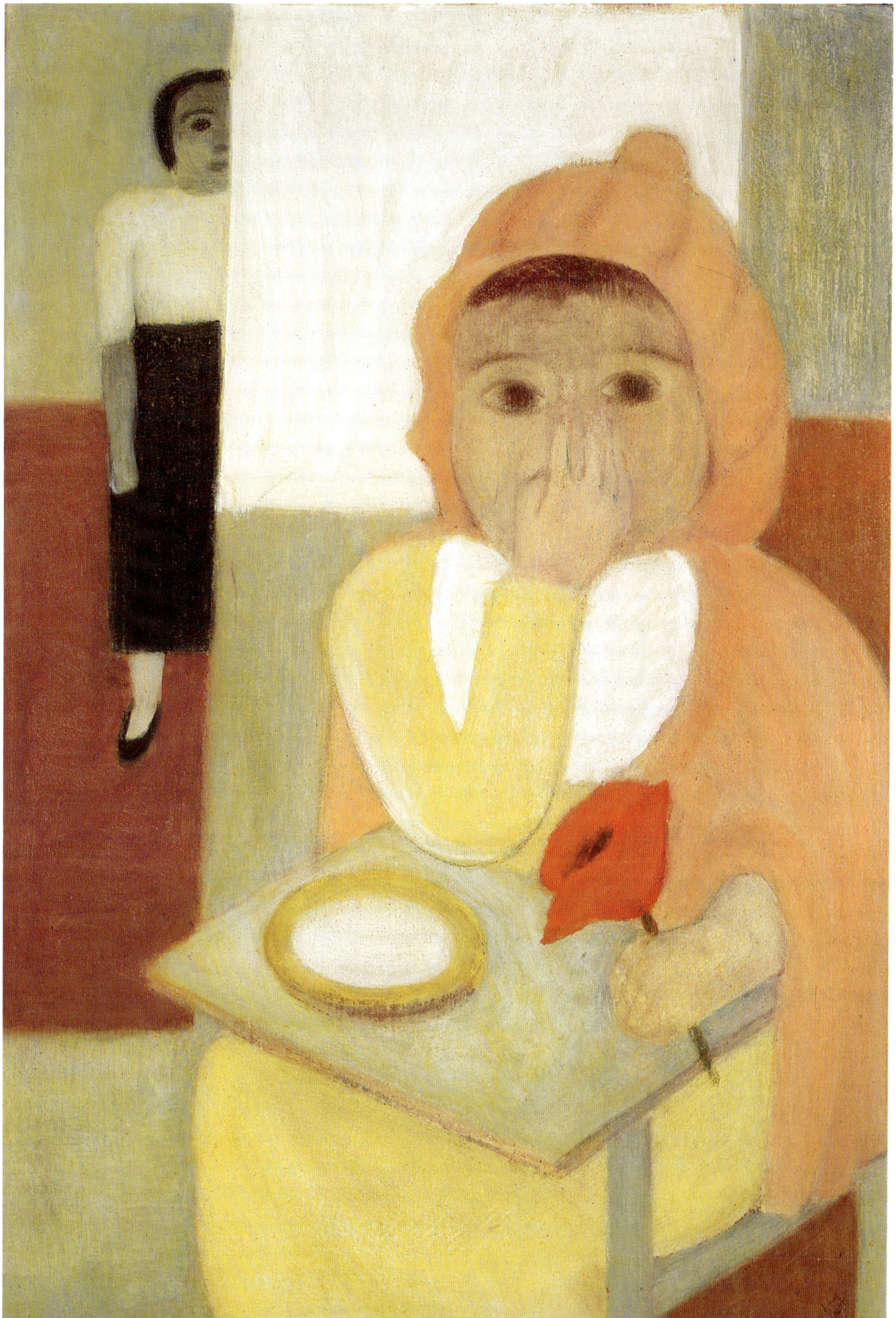

«Ich arbeite nicht planmässig, dennoch aber sehr bewusst. Zuerst lege ich den Bildaufbau fest, setze ein Schwergewicht in der Komposition. Dann bestimme ich die dominierende Bildfarbe. Oft wähle ich nur eine, zwei oder drei weitere Farben aus, die sich der ersten unterzuordnen haben. Ich strebe dabei nach einer Harmonie in der Form- und Farbgestaltung, die sich meist nur langsam, schrittweise ergibt.»

Kindliches Spiel
Ohne Datum
54 x 82 cm
Öl auf Leinwand

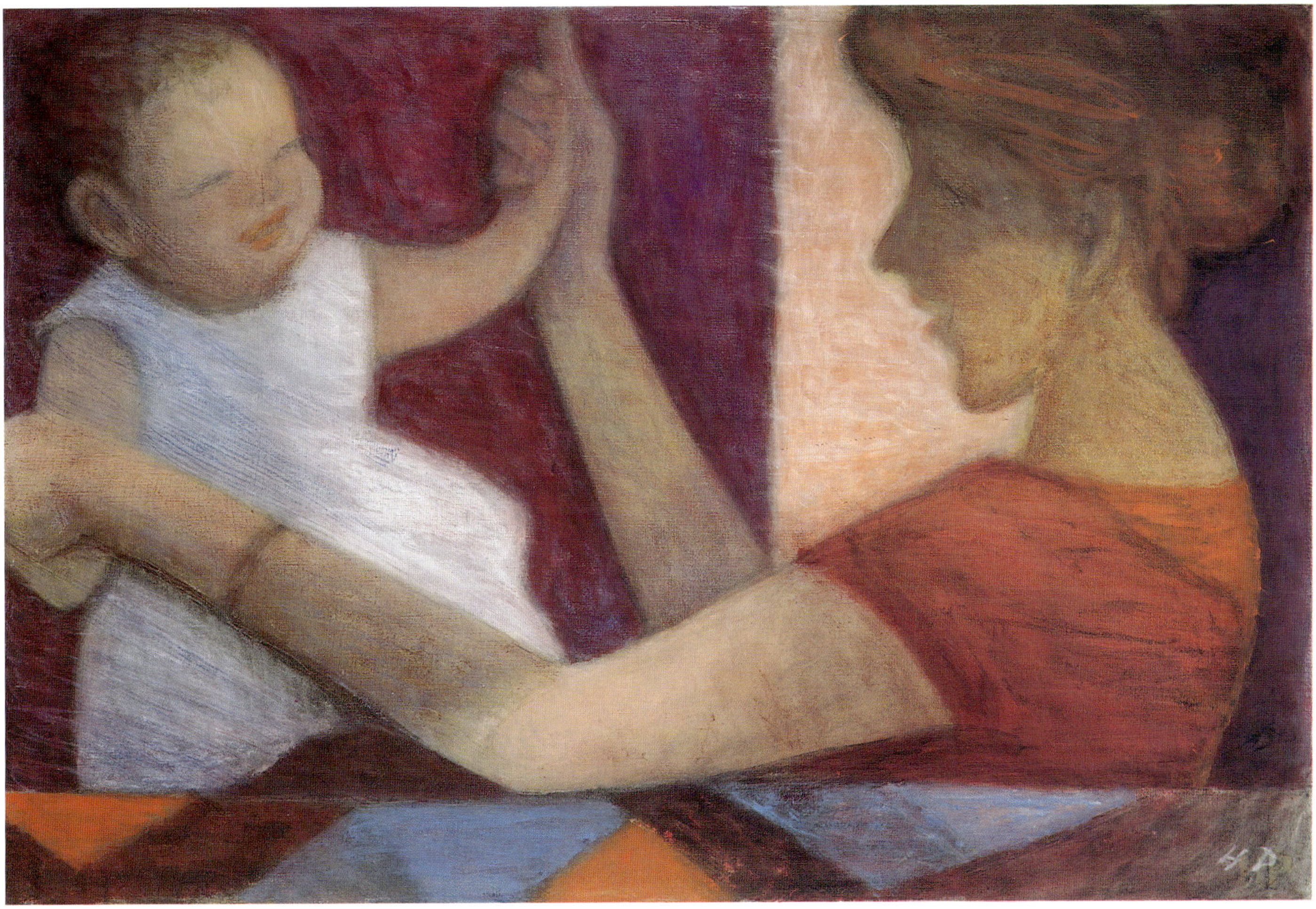

«Mir ist es wichtig, dass Farben leuchtend bleiben. Ich möchte ihnen ihr Eigenleben erhalten. Daher mische ich sie nie auf der Palette, sondern trage sie mit dem Pinsel direkt aus der Tube auf die Leinwand auf.»

Zum Spaziergang bereit
1945
81 x 54 cm
Öl auf Karton

95

«Ich habe entdeckt, dass beim malerischen Gestalten ausser meinem Sehsinn (Form- und Farbsinn) auch der Tastsinn und der Gleichgewichtssinn tätig sind.»

Zwiesprache
1947/1959
90x60,5 cm
Öl auf Leinwand

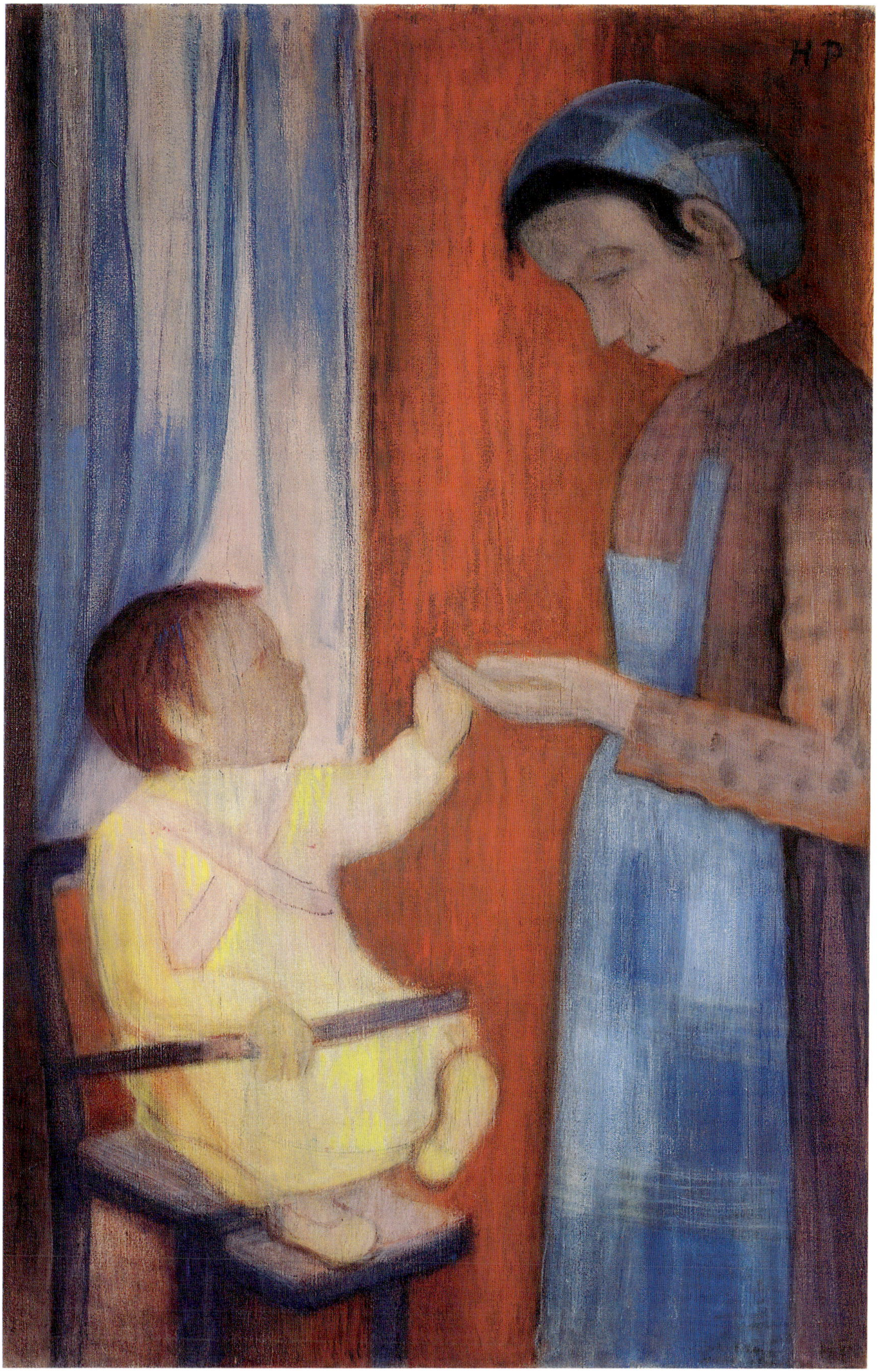
HP

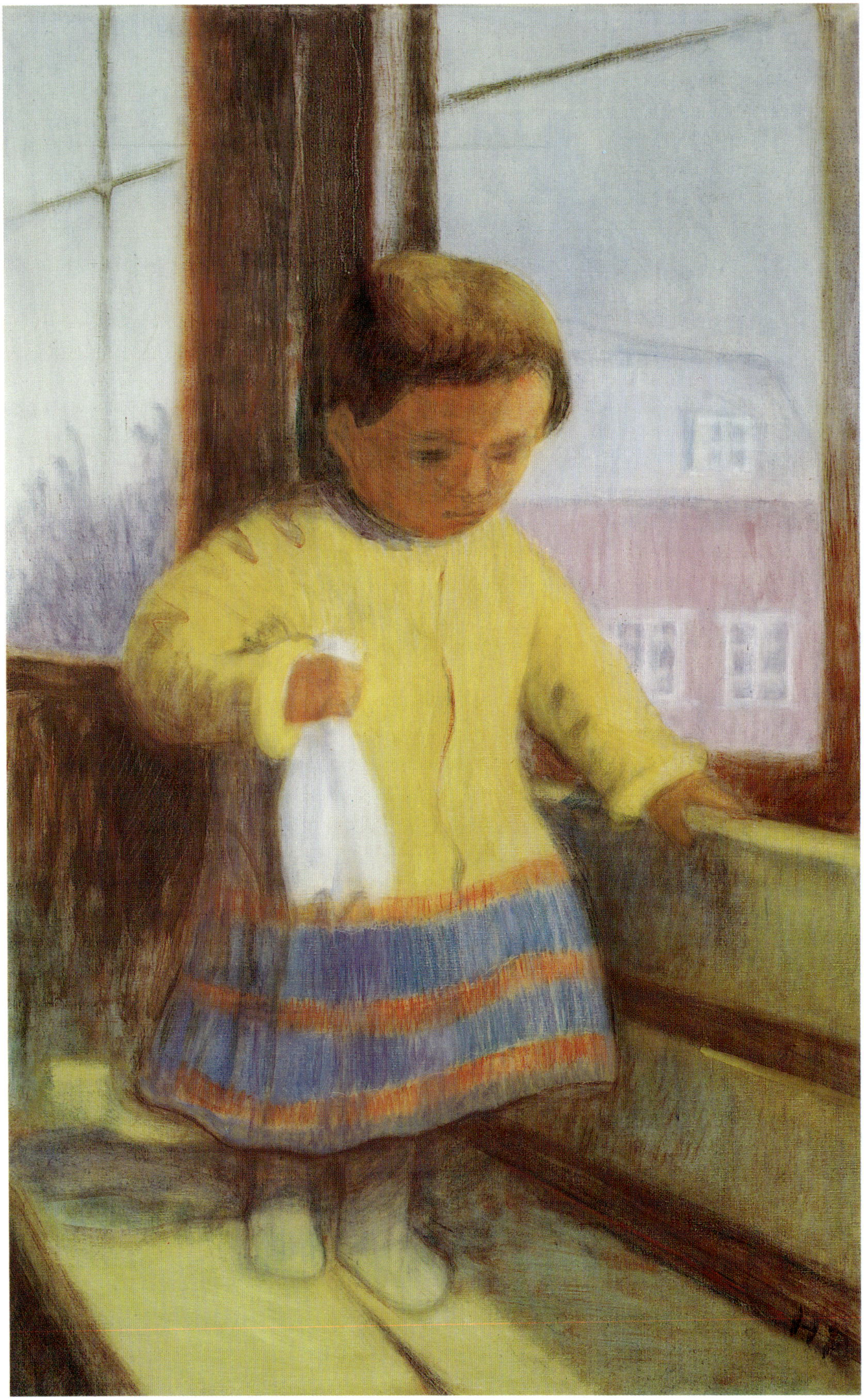

«Für meine Motive im künstlerischen Schaffen lasse ich mich vielseitig inspirieren, oft auch aus der Erinnerung oder durch Fotos.»

Die Nichte Hella Huber im Elternhaus
von Helene Pflugshaupt-Huber
an der Alpeneggstrasse 9 in Bern, 1924

In Gelb und Rosa
1947/1949
90,5 x 58 cm
Öl auf Leinwand

«Farbmischungen ergeben sich in meinen Bildern erst auf der Leinwand:
durch dünnes Auftragen der reinen Farben auf andere.»

In der Eisenbahn
Um 1950
74 x 58 cm
Öl auf Karton

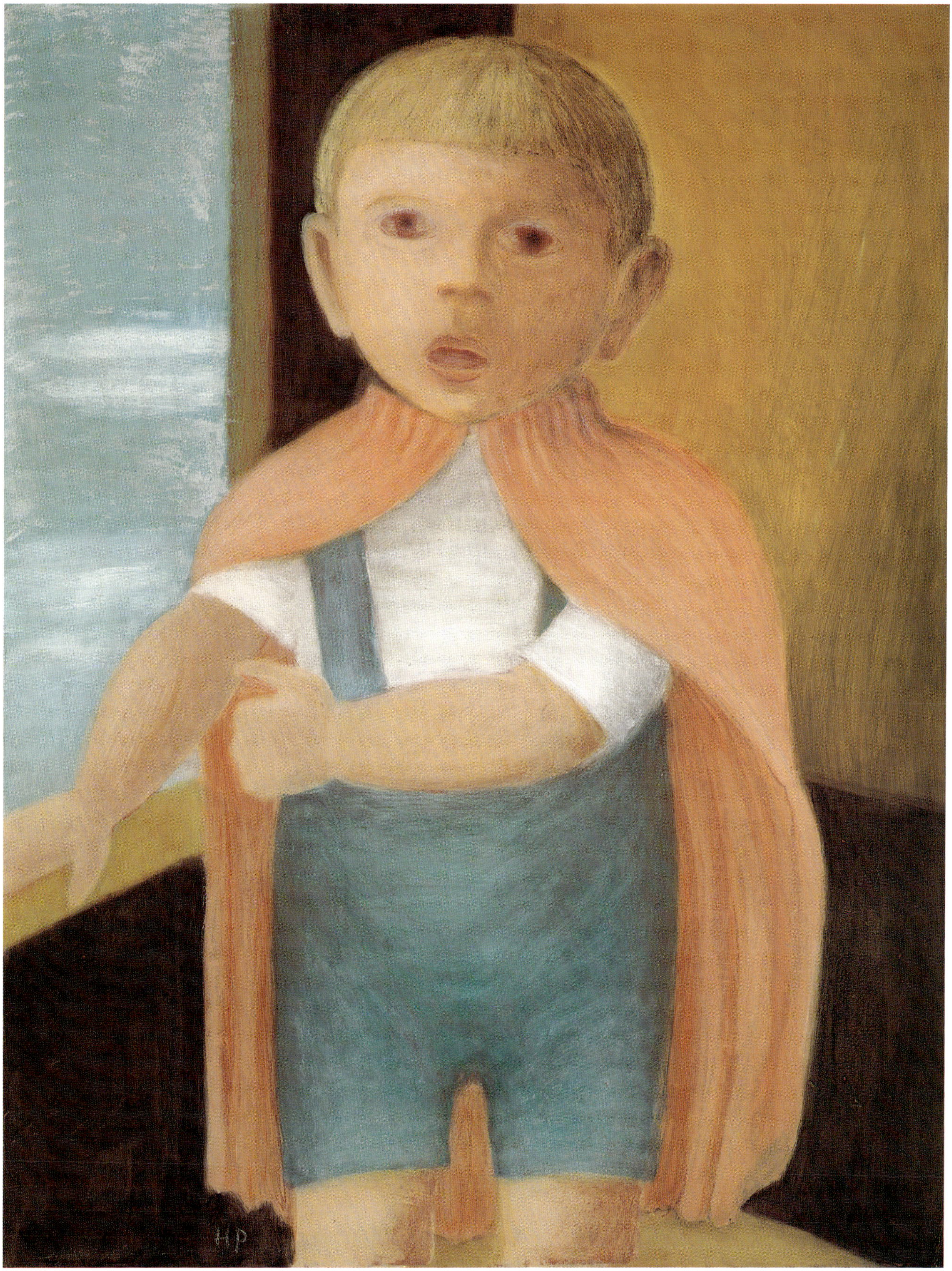
HP

«Für mich ist mit jedem entstehenden Bild eine harte, unerbittliche Auseinandersetzung mit der Materie und deren Überwindung – durch Form und Farbe – verbunden.»

Vor dem Fenster
Ohne Datum
65 x 45,5 cm
Öl auf Papier

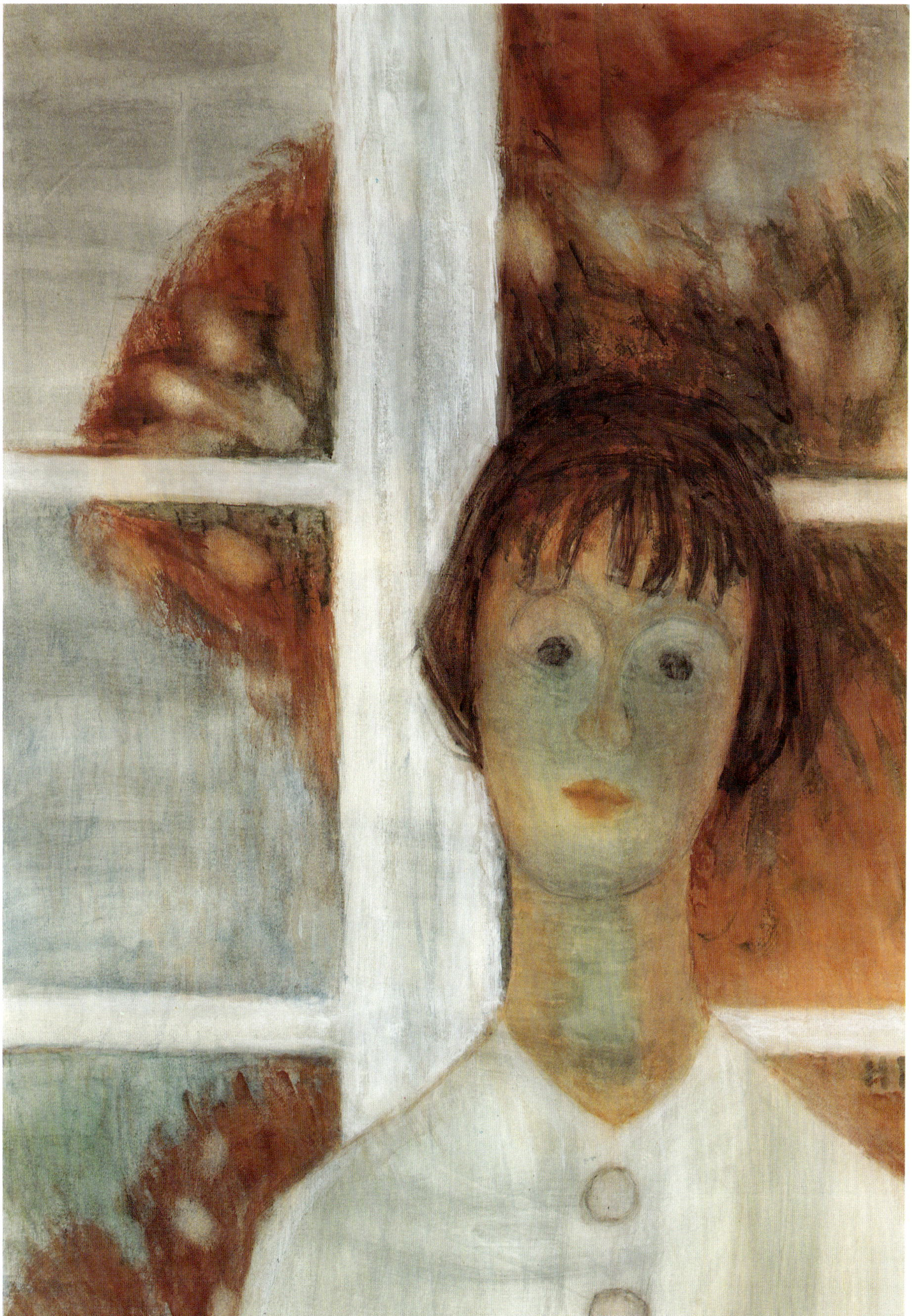

«Mehr und mehr wird mir das ‹Entstofflichen› wichtig. Ich komme dazu, Gesichtsmerkmale nur noch anzudeuten oder ganz wegzulassen. Ich versuche das Innenleben eines Menschen durch Zuordnung von Farben darzustellen, die ich in Beziehung zu andern Farben setze. Ich strebe eine Verinnerlichung mit Farben an.»

Die Zukunftsgemeinschaft
(Oder: Lichte Gruppe in Harmonie)
Ohne Datum
70x70 cm
Öl auf Leinwand

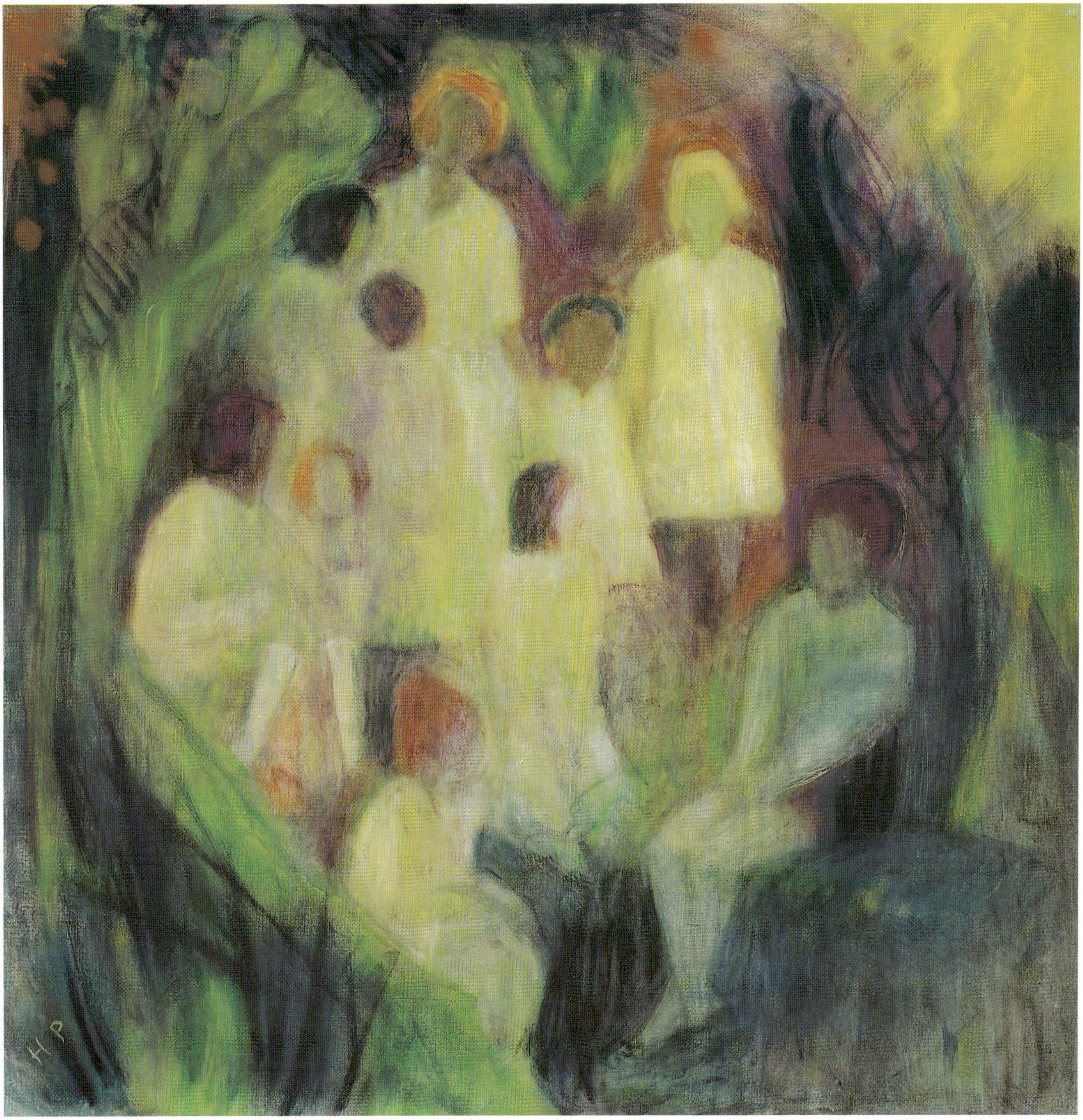

«Wahre Kunst ist nicht mehr Wirklichkeit – sie ist mehr als Wirklichkeit!»

Jugend-Feier
Ohne Datum
54 x 82 cm
Öl auf Leinwand

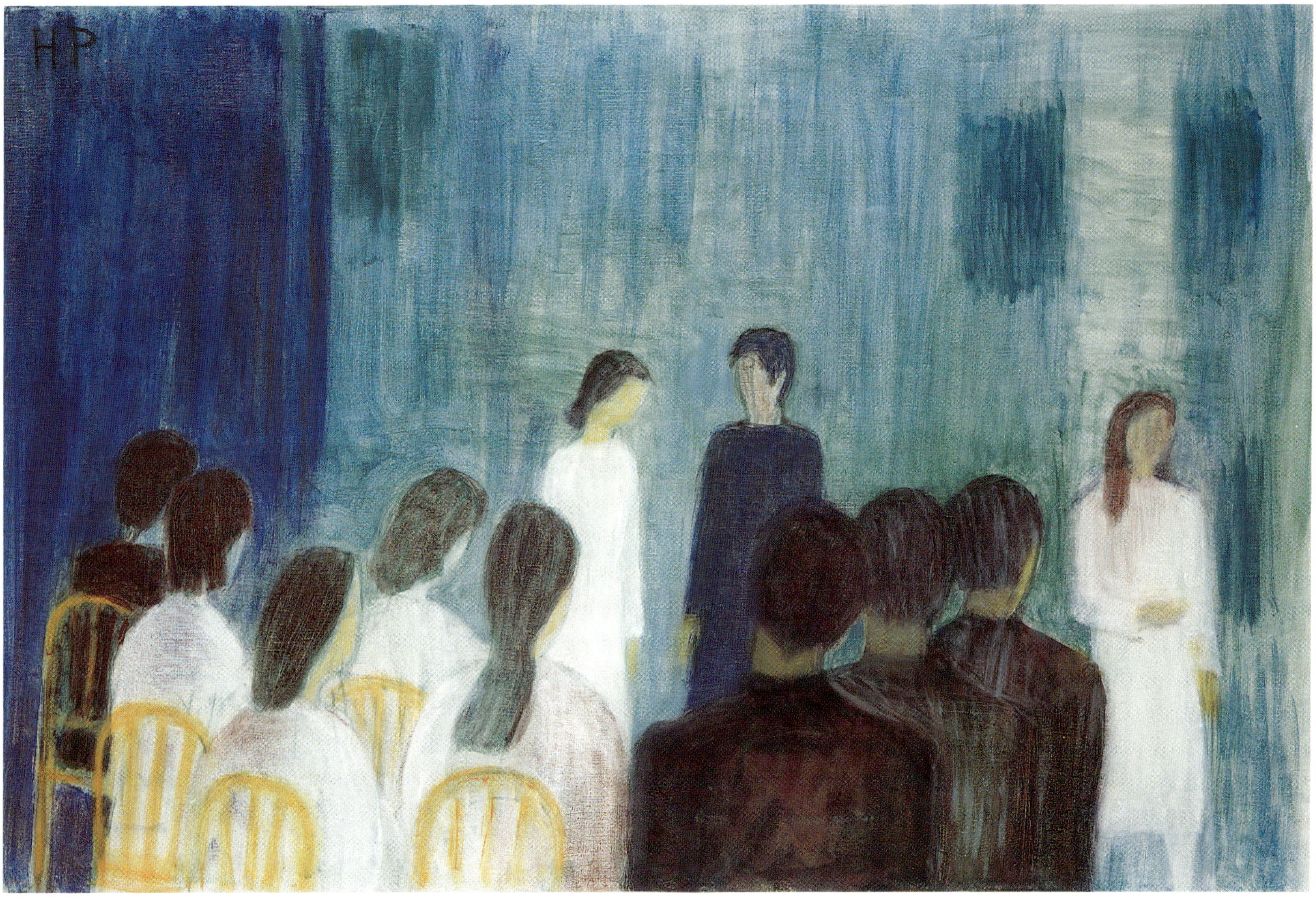
HP

«Das Bildbetrachten fordert heraus. Man muss aktiv werden, sich in ein Bild hineinsehen; man muss es ‹erspüren›.»

Sie warten – auf…?
1953
41 x 57 cm
Aquarell

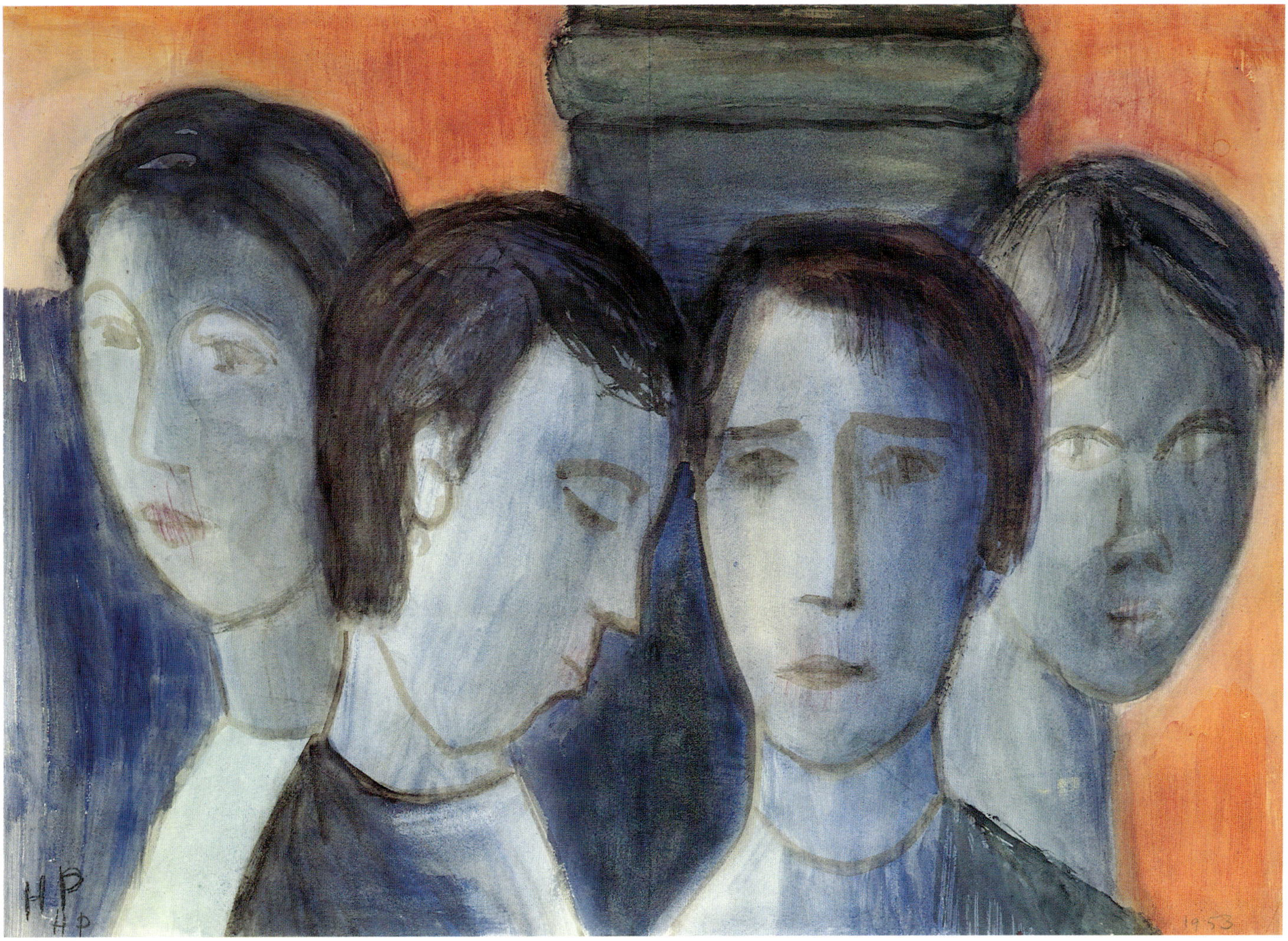

«Wir sind recht arm geworden in Bezug auf all das Unsichtbare –
aber als Künstler sind wir ihm doch mehr oder weniger auf der Spur.»

Märchenkind
1954
42,5 x 31 cm
Aquarell

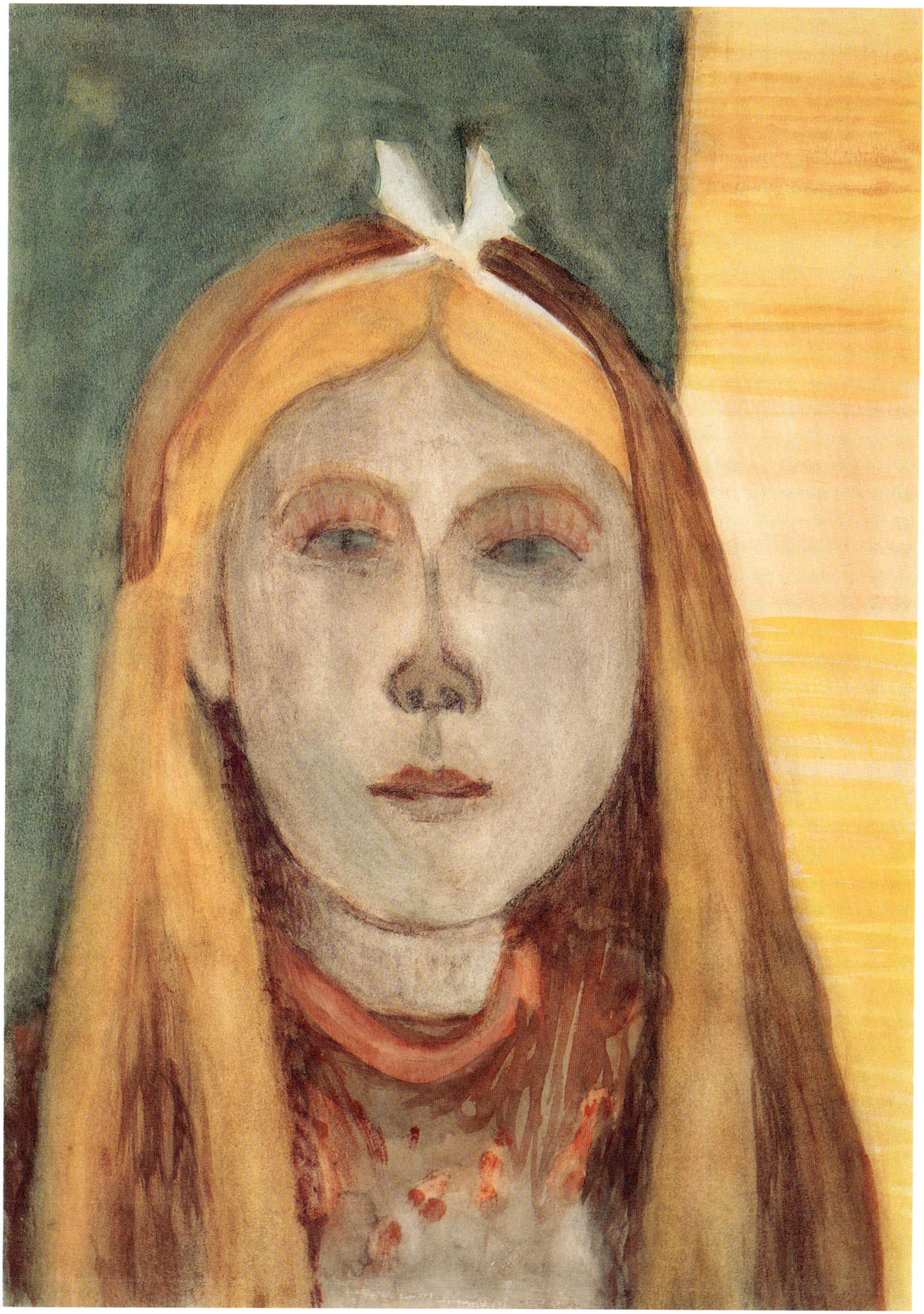

«Mitunter bleibe ich in einer Arbeit stecken. Es braucht dann einen Anstoss von aussen, ein kleines Erlebnis, eine Begegnung; Ereignisse, die mir weiterhelfen.»

Erinnerung an Canet-Plage
1954
34 x 43,5 cm
Farbstift

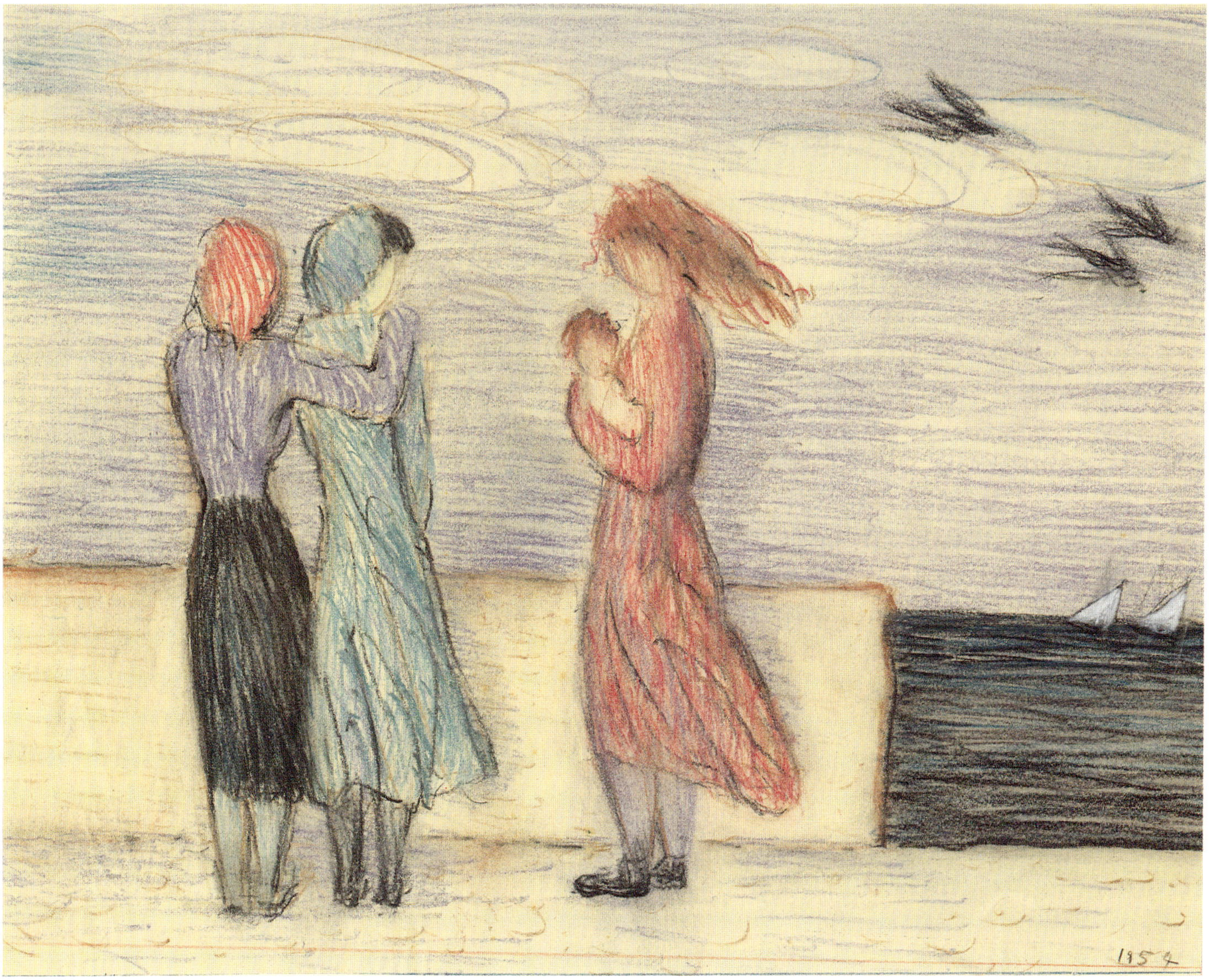

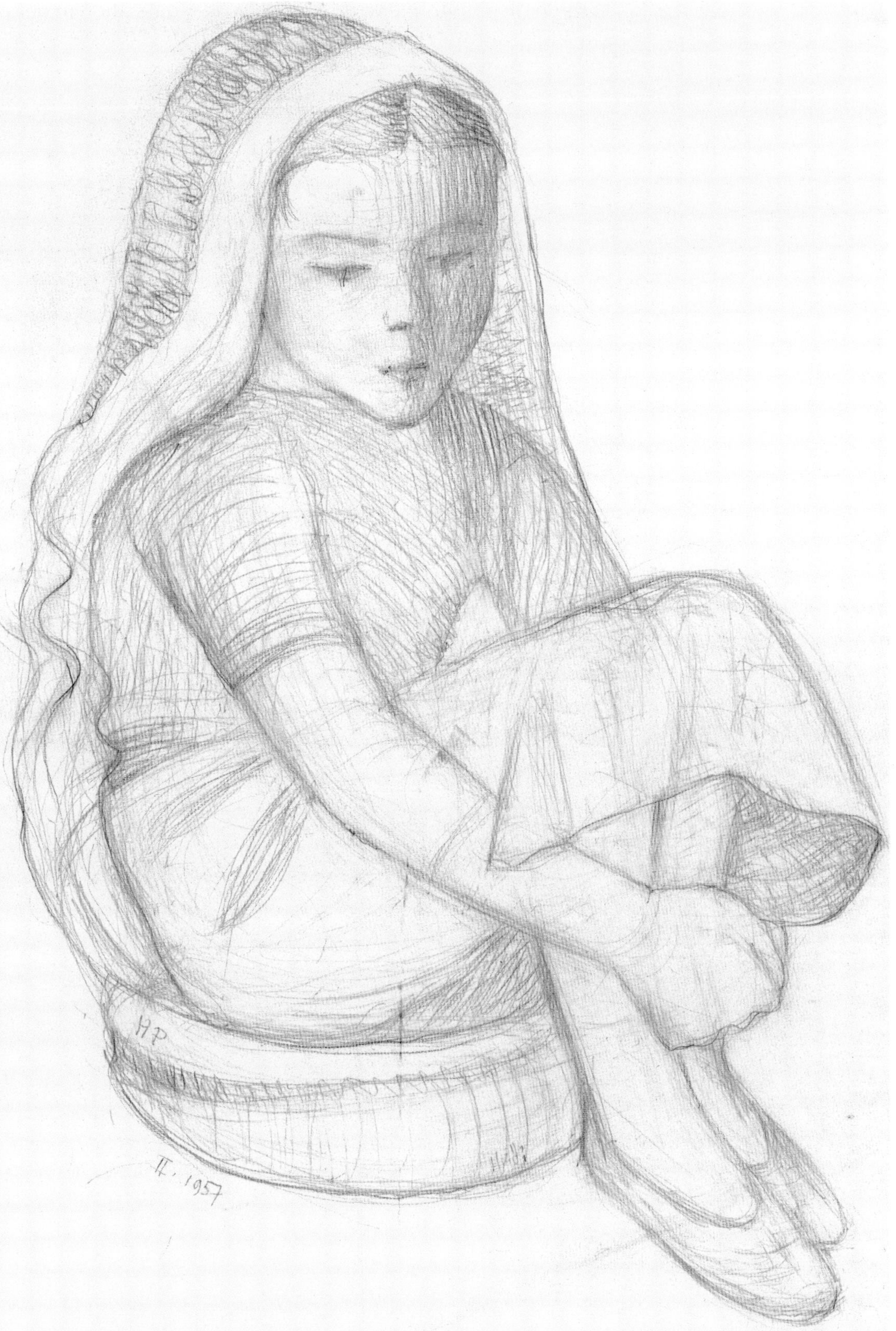
HP
II. 1957

«Durch die Eurythmie wurde mir bewusst, dass auch in der Bildgestaltung ein Rhythmus wichtig ist.»

Heidi
1957
63 x 48 cm
Bleistift

«Eine Bitte an unsere Zeit lautet: Lasst reifen, was erst im Keime liegt.»

Käthi
1958
31,5 × 37 cm
Aquarell

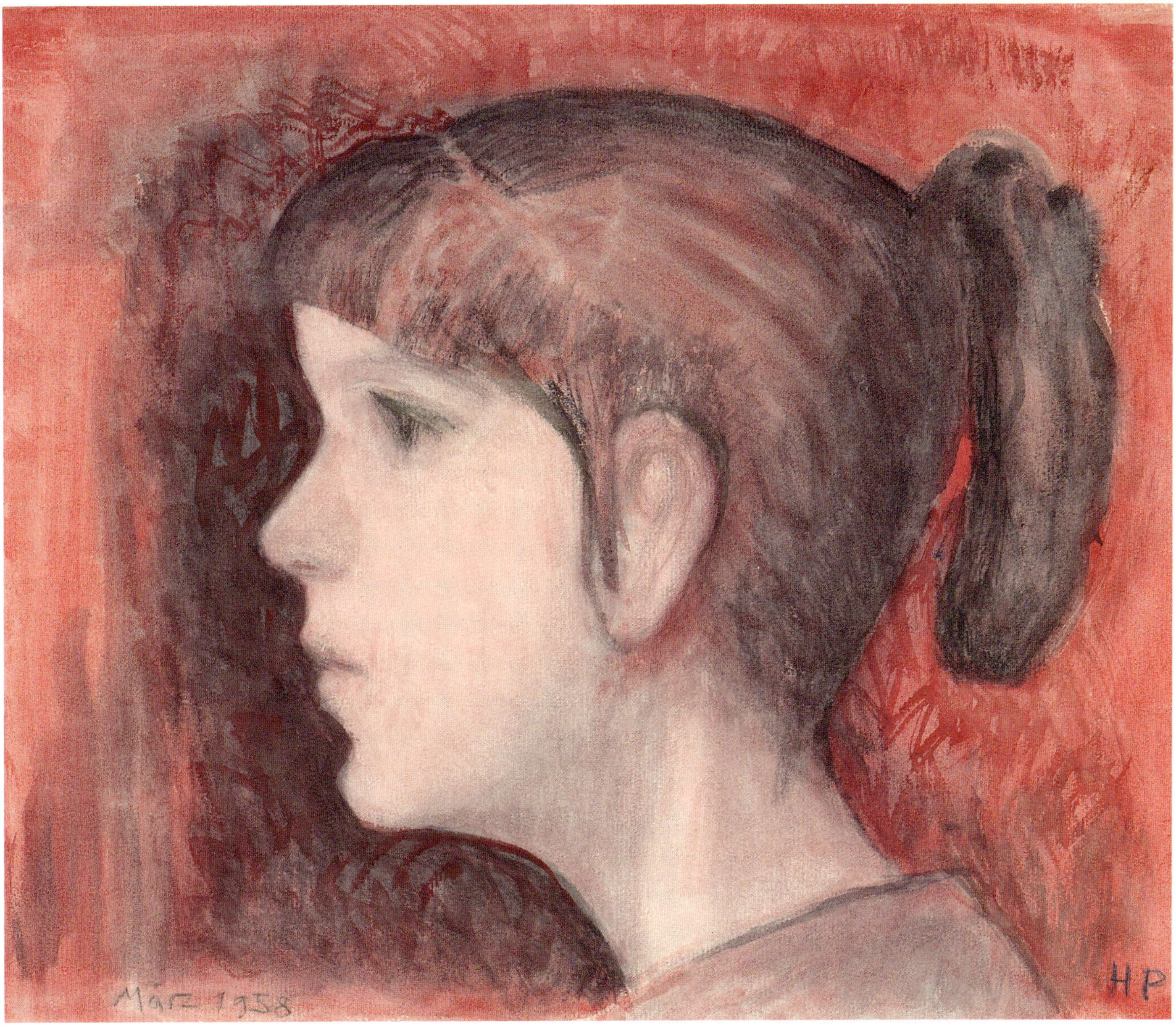
März 1958
HP

«Farben haben, wie mir scheint, ‹ein individuelles Eigenleben›.
Es gilt, dies beim Malen zum Ausdruck zu bringen.»

Emigrantenkind
1964
40x28 cm
Aquarell

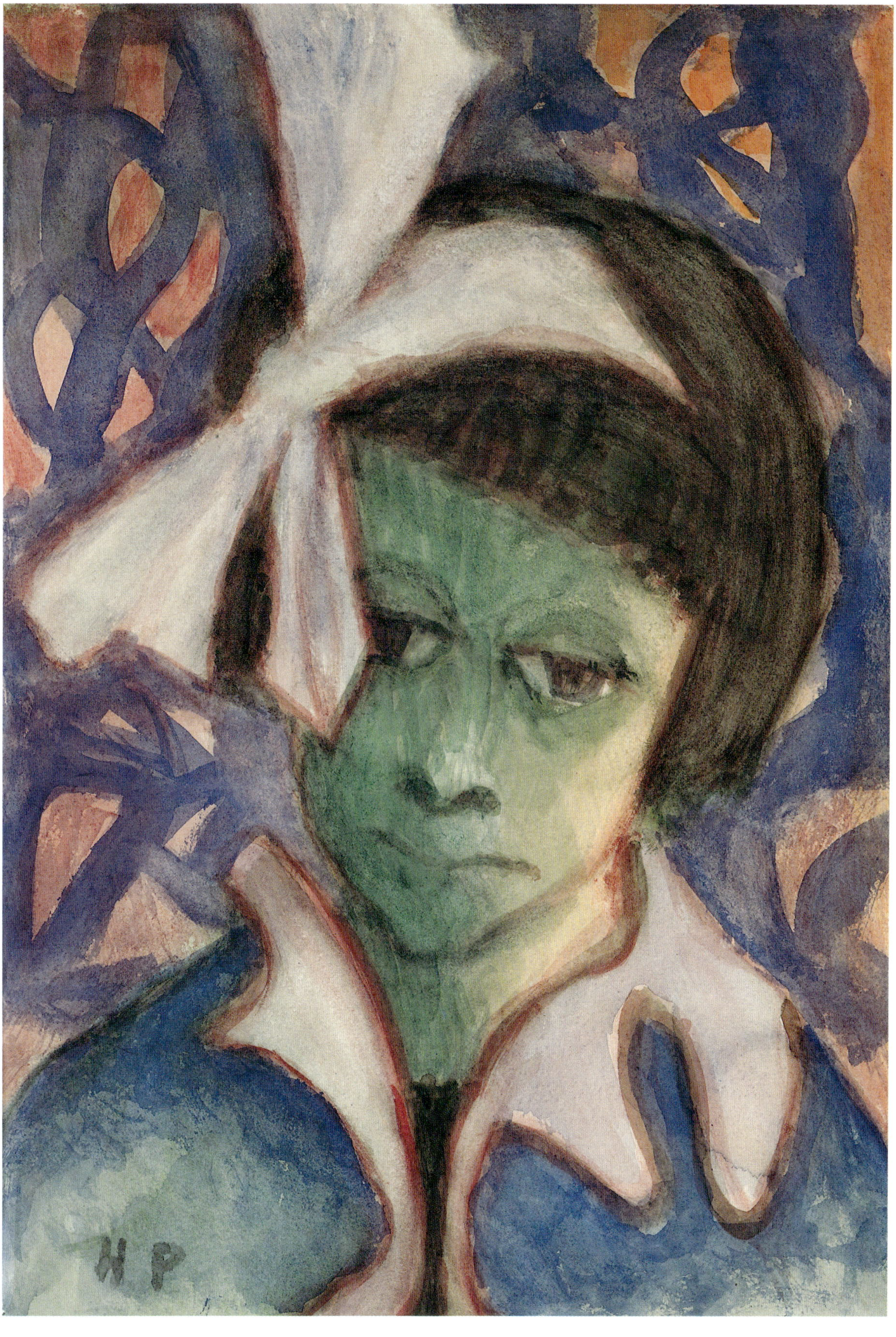
HP

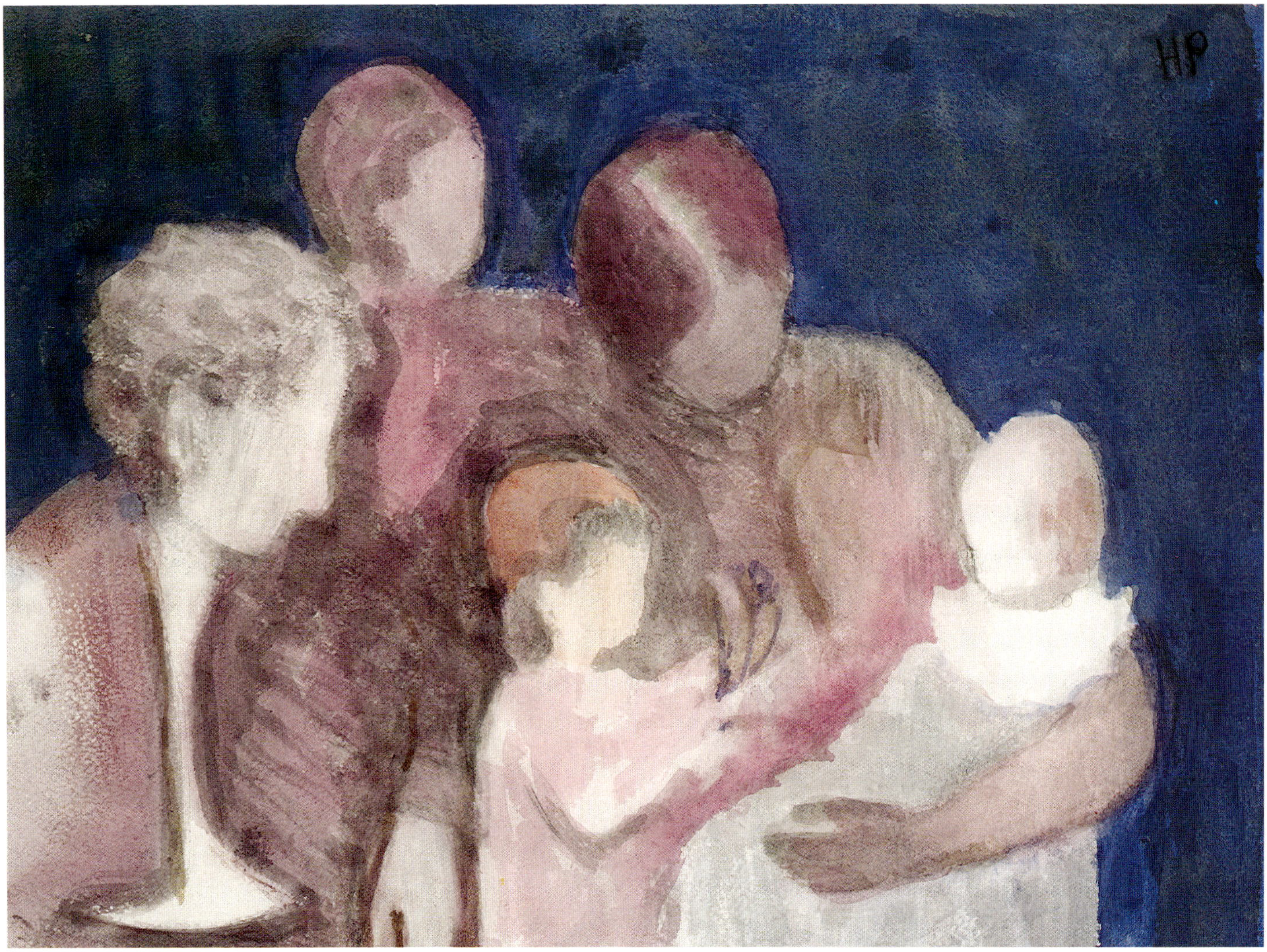
HP

«Während meiner Studienzeit in München drängte es mich zum Eintauchen in die Welt der reinen Farben, die ich dann in Florenz und Rom bei den Meistern der italienischen Renaissance vorfand.»

Dem Säugling zugewandt II
Ohne Datum
22,5 x 30 cm
Aquarell

«Von Italien in die Schweiz zurückgekehrt, drängte es mich immer mehr von der Landschaft weg, immer stärker wurde das Bedürfnis zur Darstellung von Menschen und Menschengruppen.»

Schulmädchengruppe
(in Italien)
1967
54x80 cm
Öl auf Leinwand

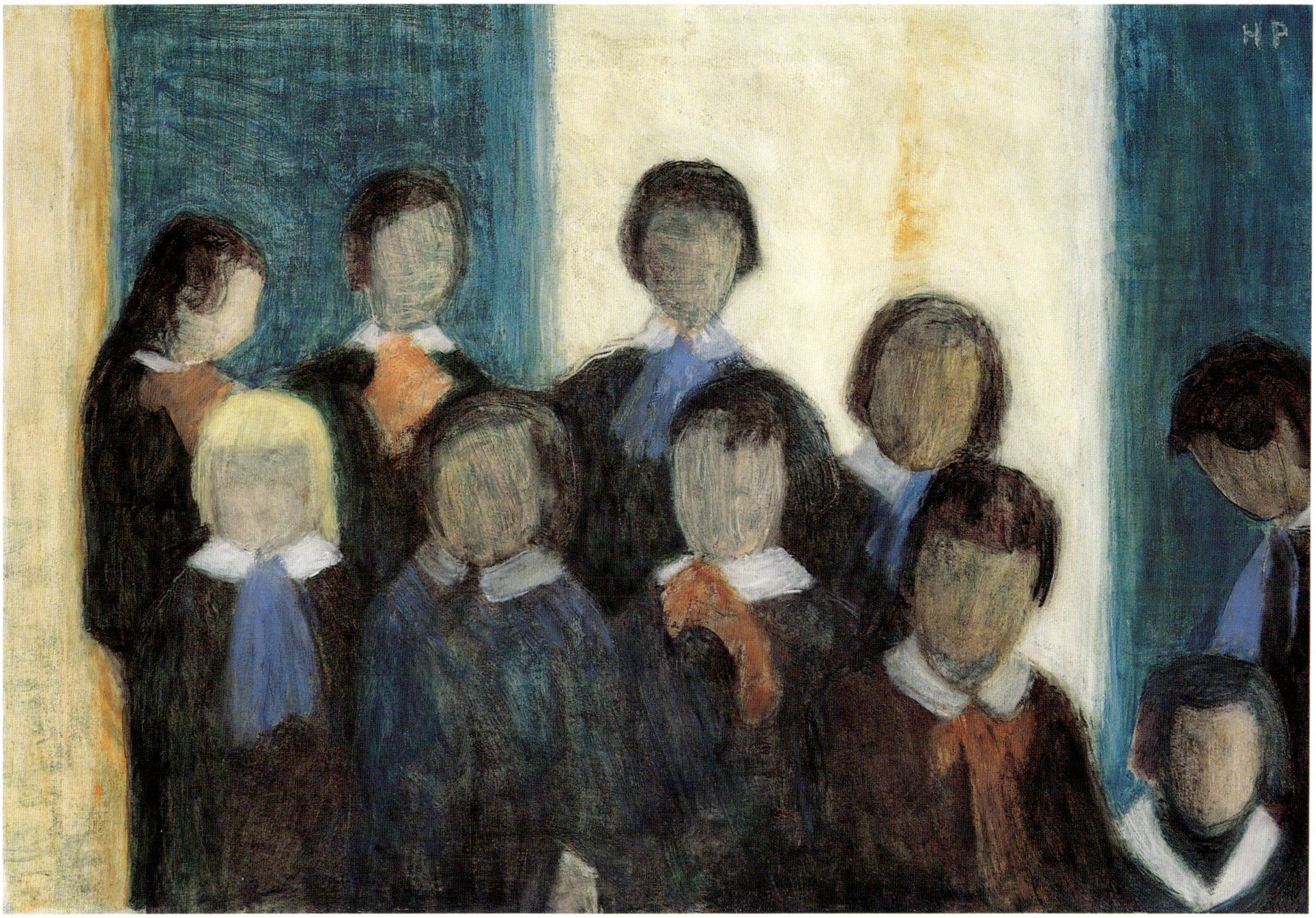
HP

«Ich bin häufig hin- und hergerissen vom Alltag mit all seinen kleinen Mühsalen, die mich vom Malen abhalten. Ich pflege auch gerne den brieflichen Kontakt mit mir nahestehenden Menschen, der viel Zeit beansprucht, den ich aber nicht missen möchte.»

Die Schülerin
1968
59,5 x 50 cm
Öl auf Leinwand

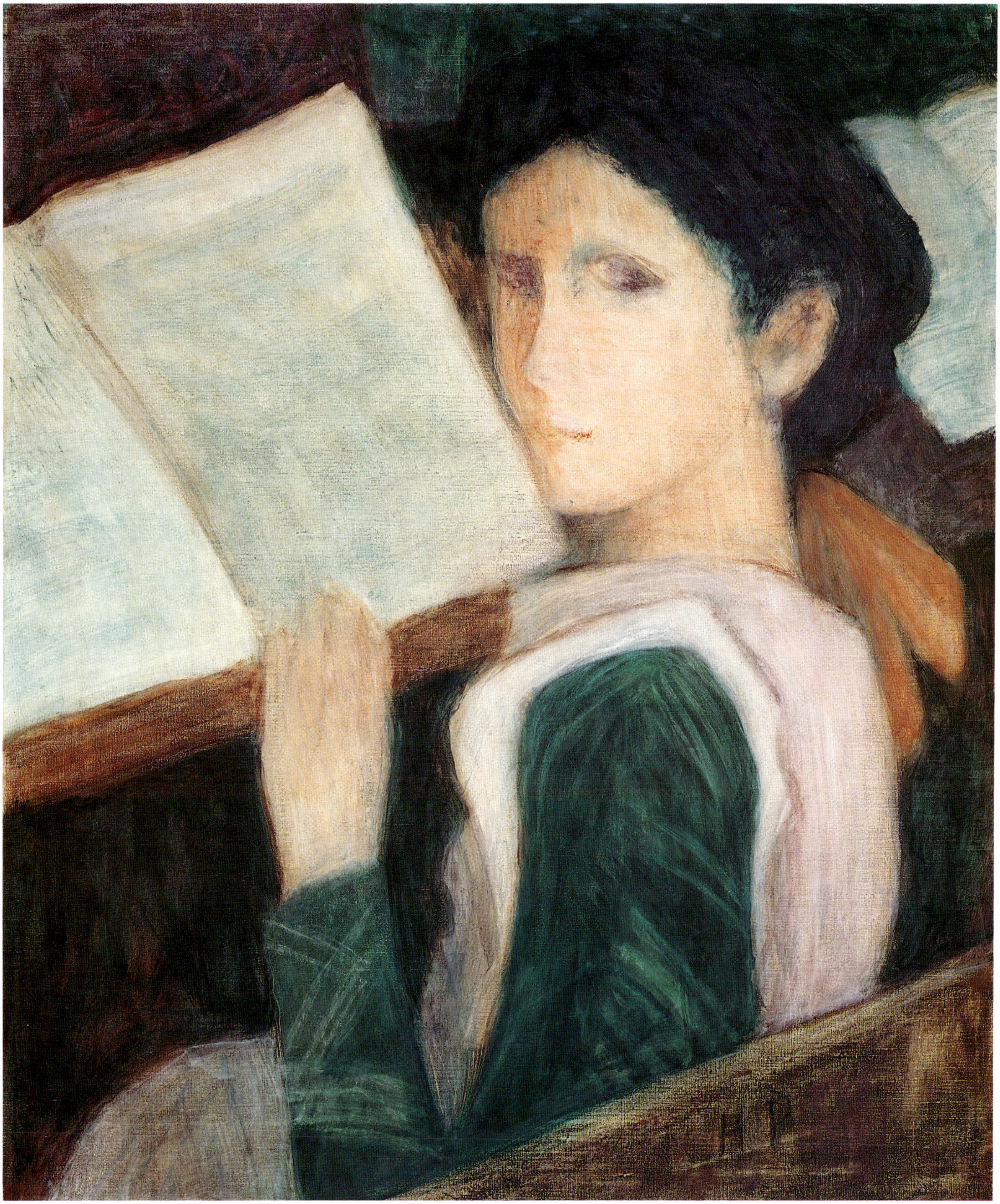

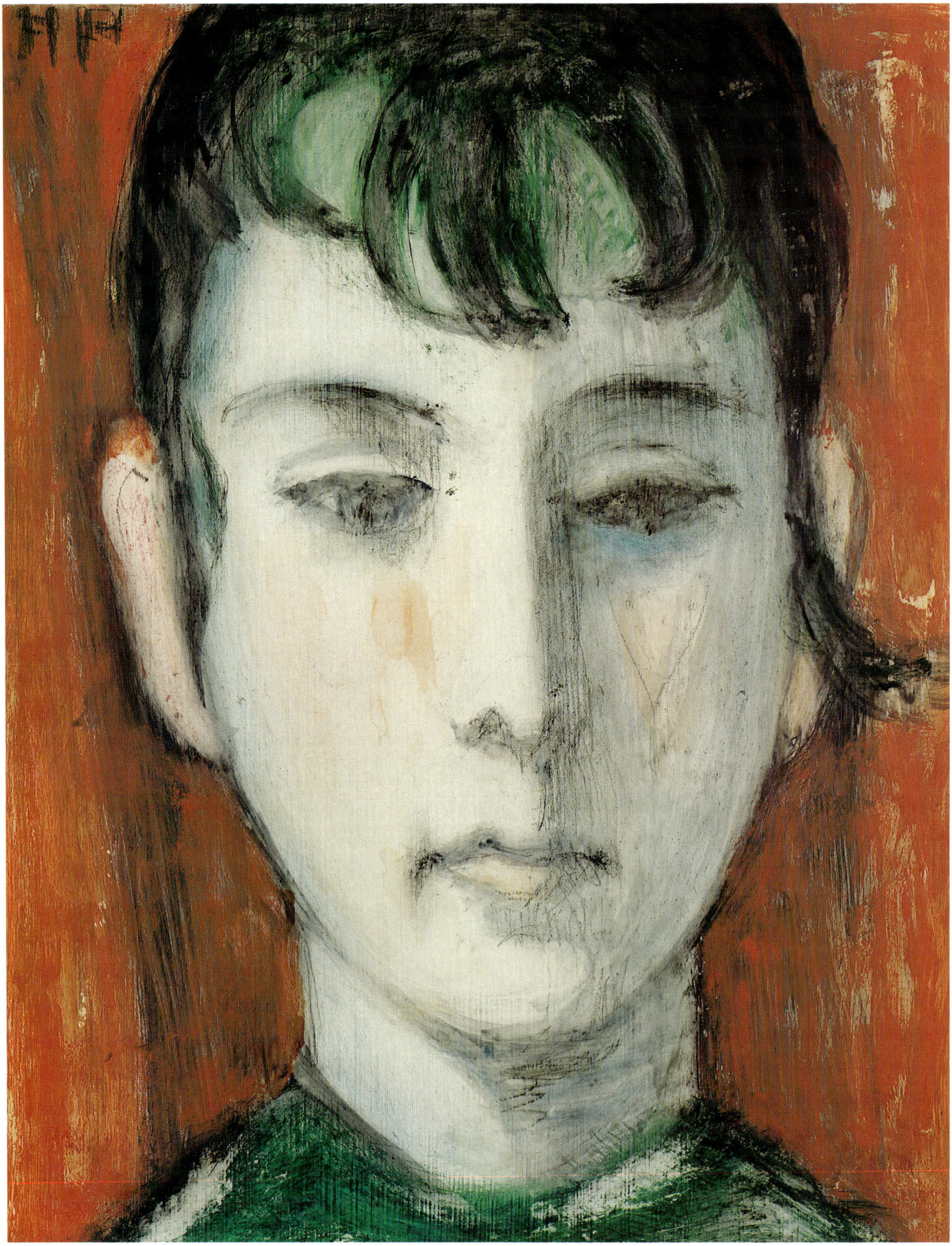
HP

«Wie beim Aquarellieren bevorzuge ich die Lasur-Technik beim Ölmalen. Ich trage die Ölfarben dünn auf die Leinwand auf. Damit erreiche ich zweierlei: die Durchsichtigkeit und die Erhaltung der Leuchtkraft der reinen Farbe. So bleibt das ‹innere Leben› einer jeden Farbe bestehen.»

In Rot und Grün
Ohne Datum
27 x 22 cm
Öl auf Karton

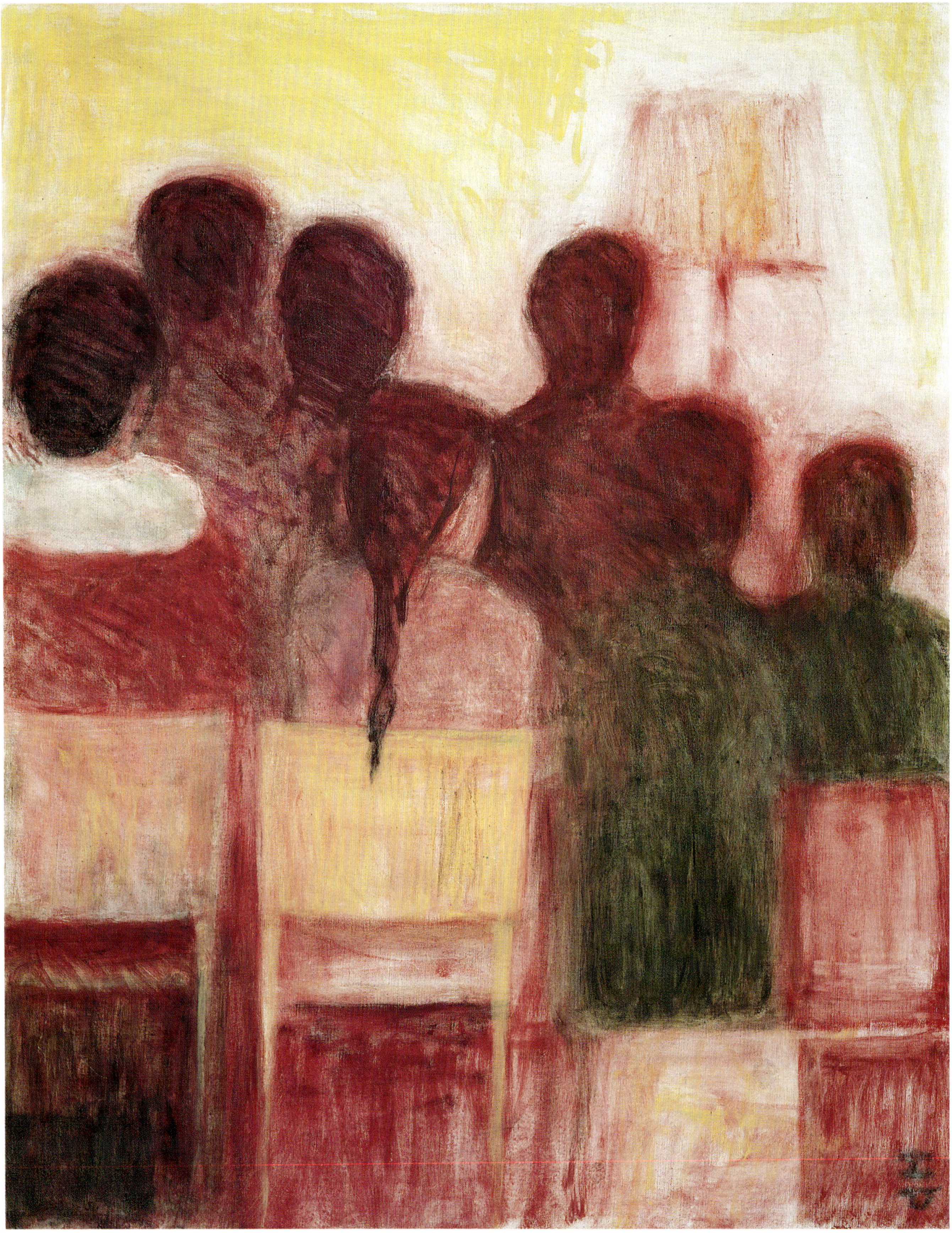

«Wie in der Musik scheinen mir ein Crescendo und ein Decrescendo auch in der Malerei wichtig, belebend.»

In der Kammermusik
1969
81 x 65 cm
Öl auf Leinwand

«Auf das Umsetzen kommt es in der bildenden Kunst an, nicht auf das Wiedergeben.»

Heiter in Grün und Rot
1970
70 x 70 cm
Öl auf Leinwand

131

«Schon bald kam ich vom Malen vor der Natur ab. Ich skizziere zwar oft im Freien – in den Ferien, auf Reisen – und sammle so Motive, die ich später im Atelier umsetze.»

San Giorgio in Venedig
1971
1:1
Bleistift-Skizze

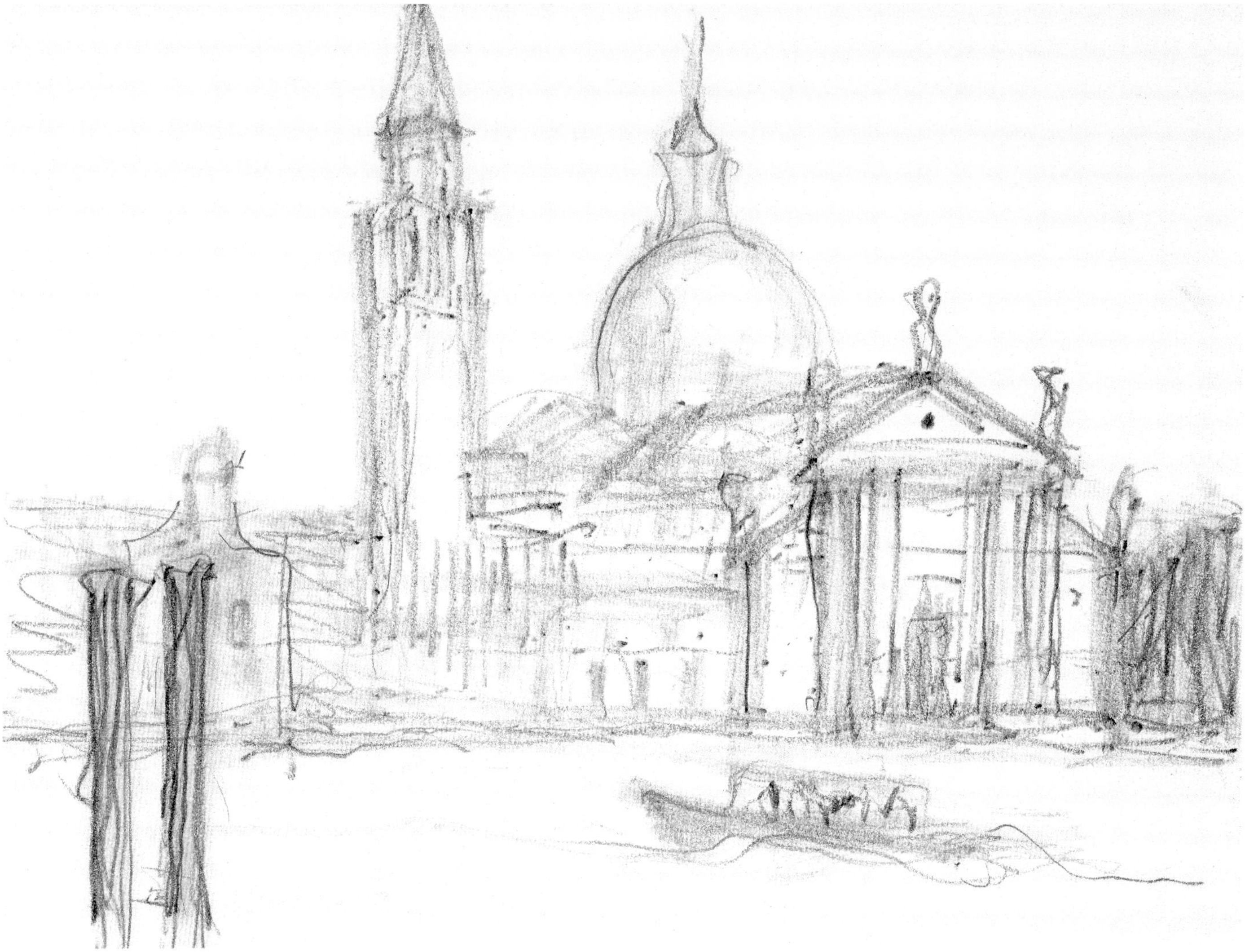

«Für mich ist eine einfache Skizze die bessere Bildvorlage als eine ausgearbeitete Zeichnung oder ein Aquarell. Dadurch sind mir mehr Freiheiten in der Komposition und der Farbgebung möglich.»

Venedig
1965
19 x 14 cm
Bleistift-Skizze

Venedig
Ohne Datum
68 x 50 cm
Aquarell

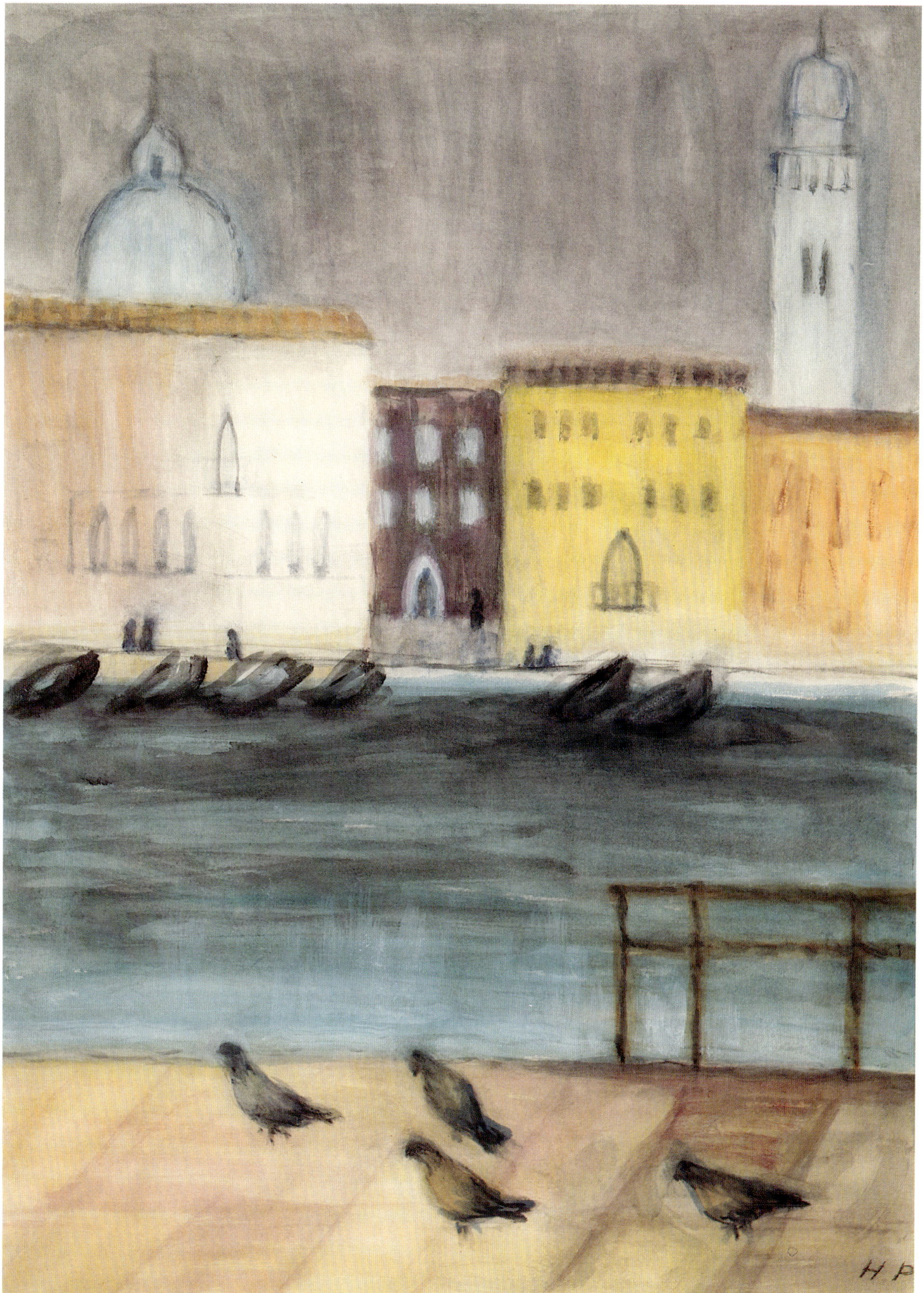
H P

«Dissonanzen erhöhen nicht nur in der Musik die Spannung, sondern in der Kunst allgemein. In Verbindung mit der Konsonanz trägt die Dissonanz zum so wichtigen Kräftespiel in einem künstlerischen Werk bei.»

Il tramonto a Venezia
Ohne Datum
38,5 x 56 cm
Aquarell

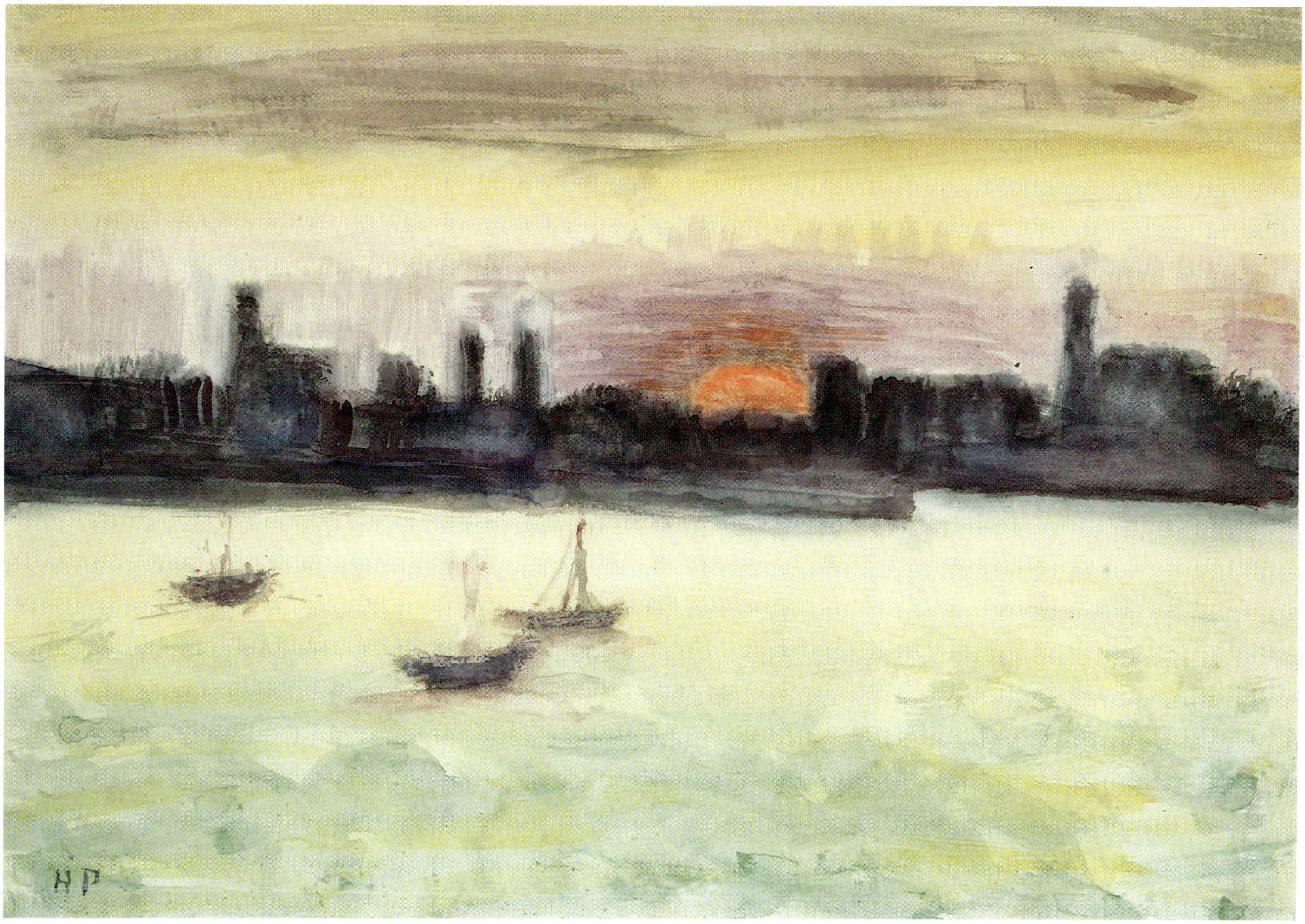
HP

«Ich ringe mit den Formen und Farben, versuche ein Zusammenwirken, eine Einheit, ein äusseres und inneres Gleichgewicht zu erwirken.»

Die Fahnenstangen
auf dem Markusplatz bei Nacht
Ohne Datum
77 x 52 cm
Öl auf Leinwand

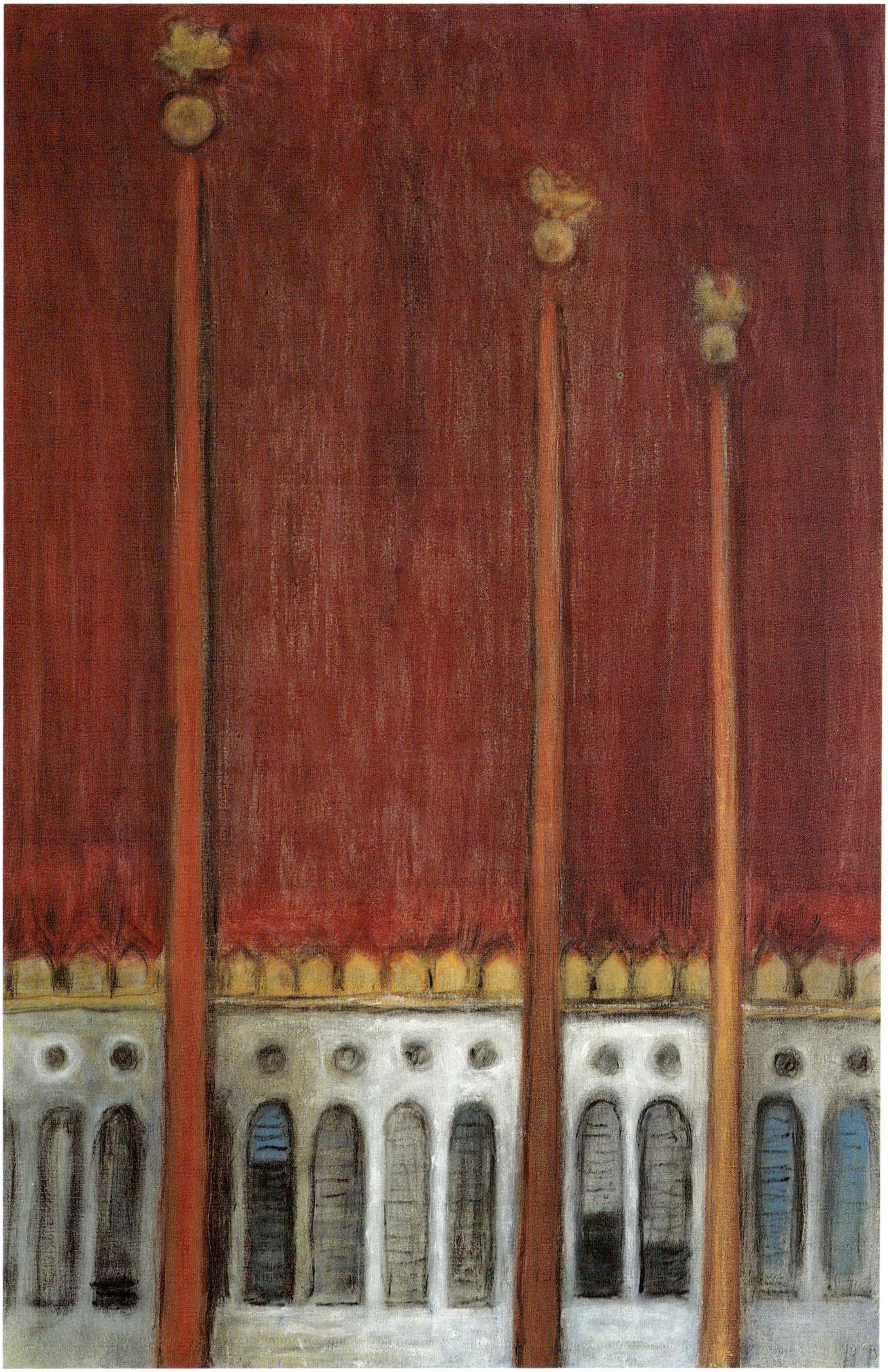

«Bevor ich ein Bildkonzept und den Bildaufbau erarbeite, überlege ich mir, was dabei als wichtig zu erachten sei. Unwesentliches lasse ich weg. Weglassen-Können ist auch eine Kunst.»

Ein Kinderchor
singt den «Messias» von Händel
1972
67,5 x 82 cm
Öl auf Leinwand

141

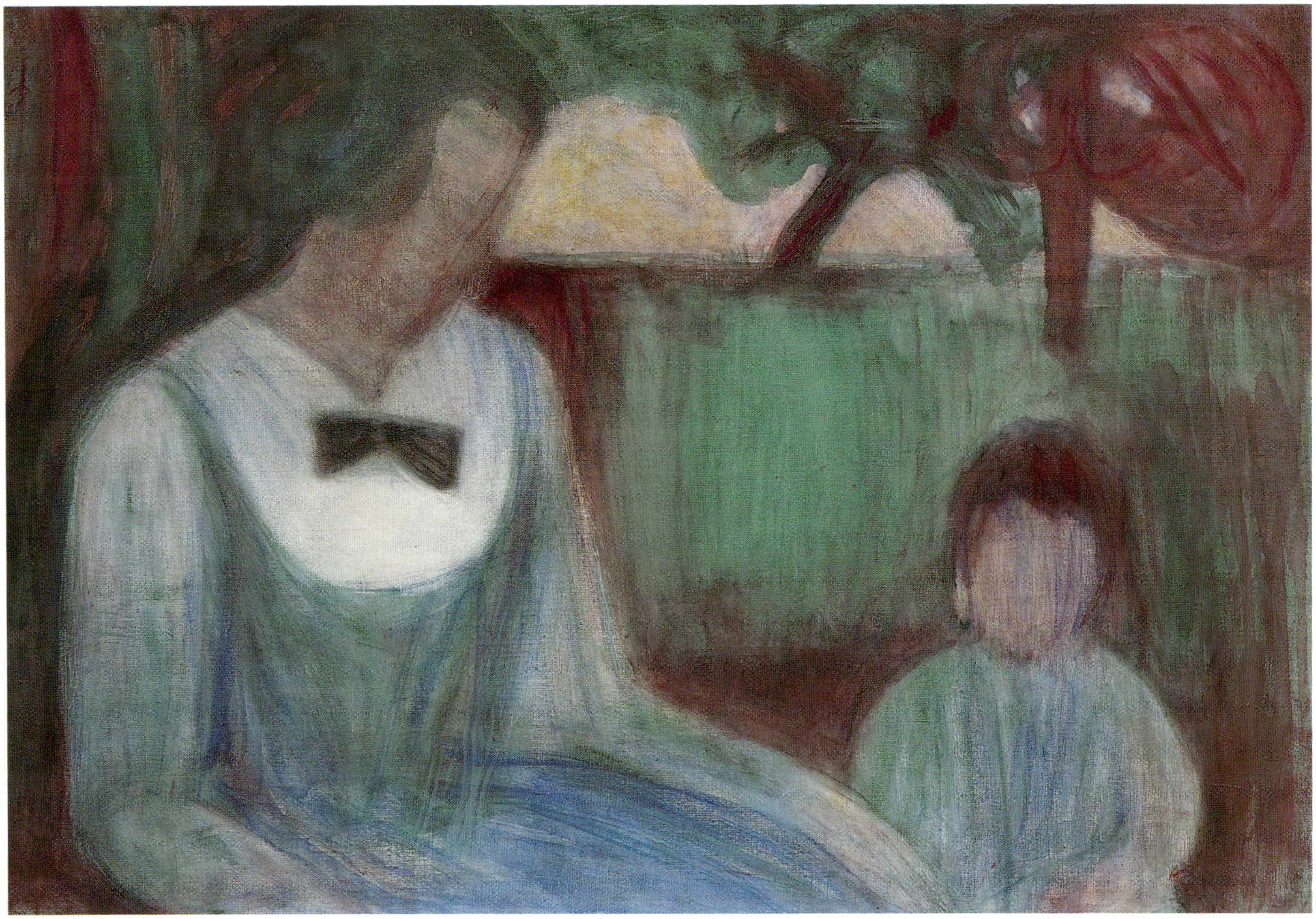

«Ich verwende die weisse Farbe bewusst nicht zum Aufhellen von Ölfarben (obschon ich eine Vorliebe für Weiss habe), weil diese dadurch ihre Leuchtkraft verlören. Aus dem gleichen Grund male ich keine Gouachen, gebrauche ich kein Deckweiss.»

Das schwarze Mäschchen
1974
52 x 77 cm
Öl auf Leinwand

«Unter ‹harmonisch› verstehe ich eine Ausgeglichenheit zwischen den Polaritäten klein – gross, ruhig – beschwingt, hell – dunkel, kalt – warm und eine Abgestimmtheit der Formen und Farben, so dass sie musikalisch zusammenklingen.»

Künstlerbildnis
1952/1954
77 x 51,5 cm
Öl auf Leinwand

145

«Häufig schiesse ich beim Umsetzen übers Ziel hinaus und muss dann die Farben wieder abwischen. Das Gelingen auf Anhieb ist selten.»

In Weiss
(Selbstbildnis)
1966/1967/1969
59 x 50 cm
Öl auf Leinwand

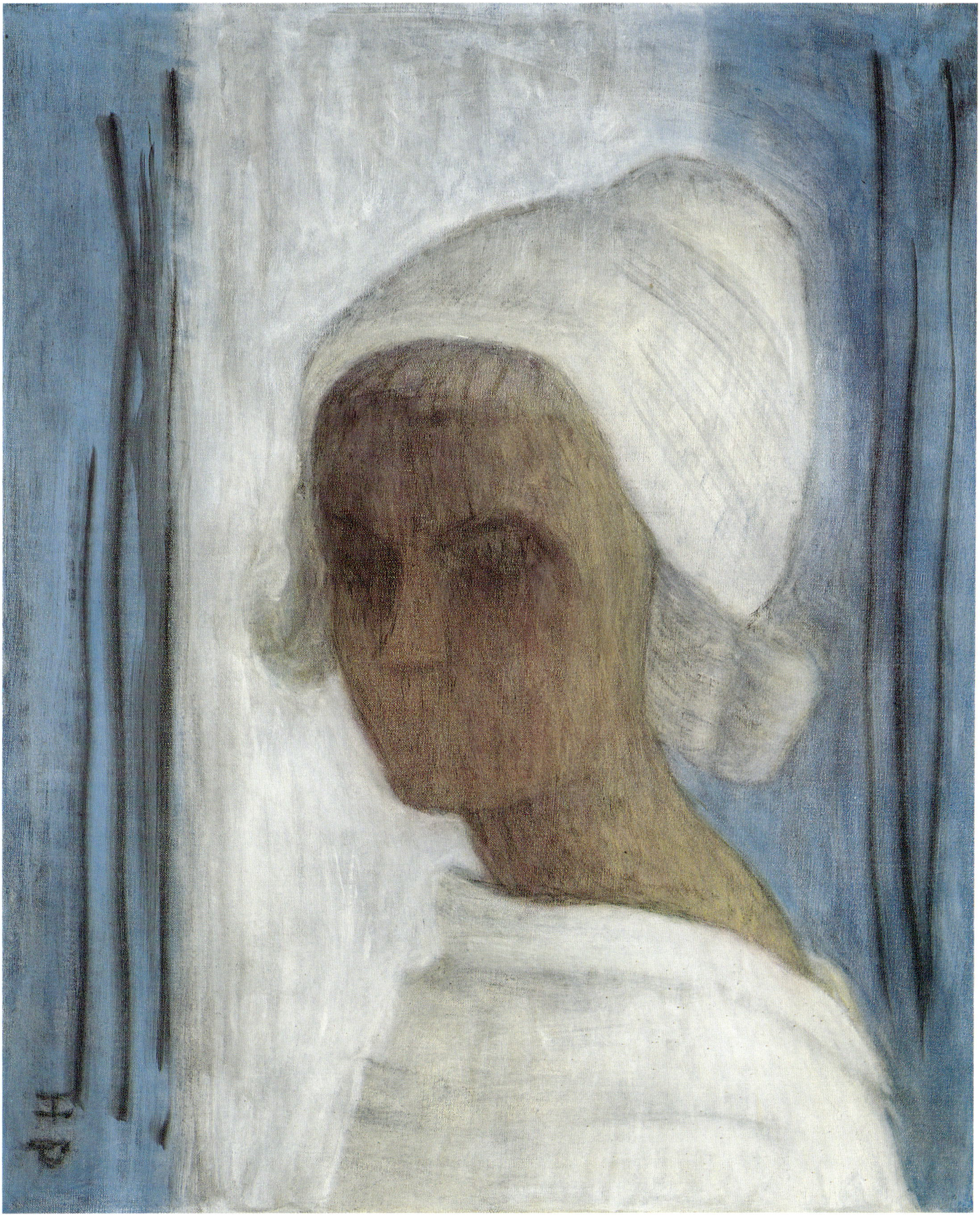

Selbstbildnis
Oktober 1974
31,5 x 44 cm
Bleistift

Standhaft
zwischen rechts und links
(Selbstbildnis)
Ohne Datum
40 x 65 cm
Öl auf Leinwand

Selbstbildnis. Juni 1980. 50×37 cm. Bleistift

Hell – Dunkel (Selbstbildnis). März 1980. 50×35 cm. Öl, Bleistift und Tinte auf Papier

Selbstbildnis. 1983. 51,5 × 39,5 cm. Bleistift

Selbstbildnis. 1983. 62 x 44 cm. Öl auf Papier

«Zwischen den Worten liegt oft mehr – oder sogar das Wesentlichste: von dem, was hin- und herübergeht... so geheimnisvoll von Mensch zu Mensch.»

Selbstbildnis
Februar 1976
19 x 19 cm
Tinte

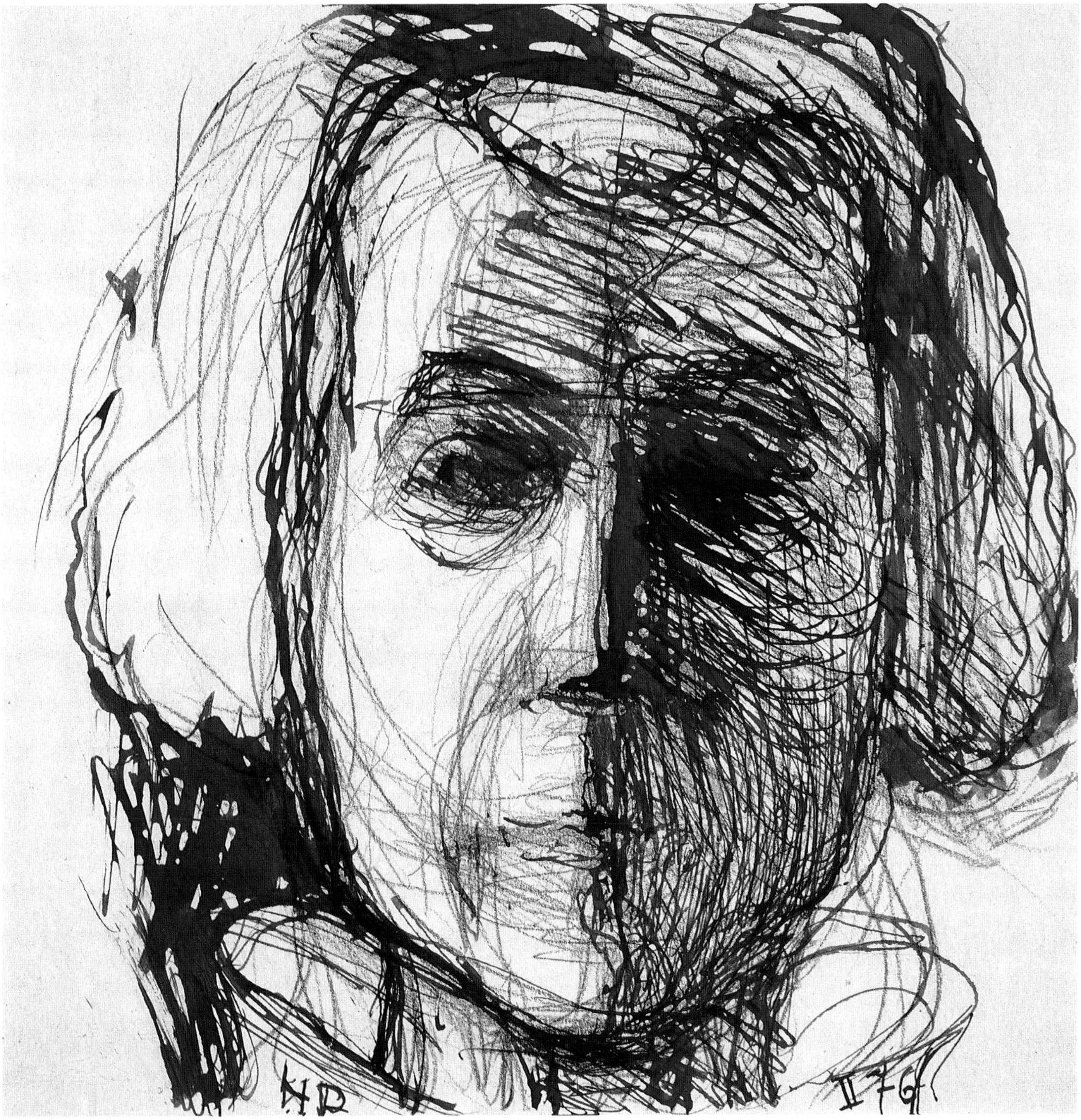

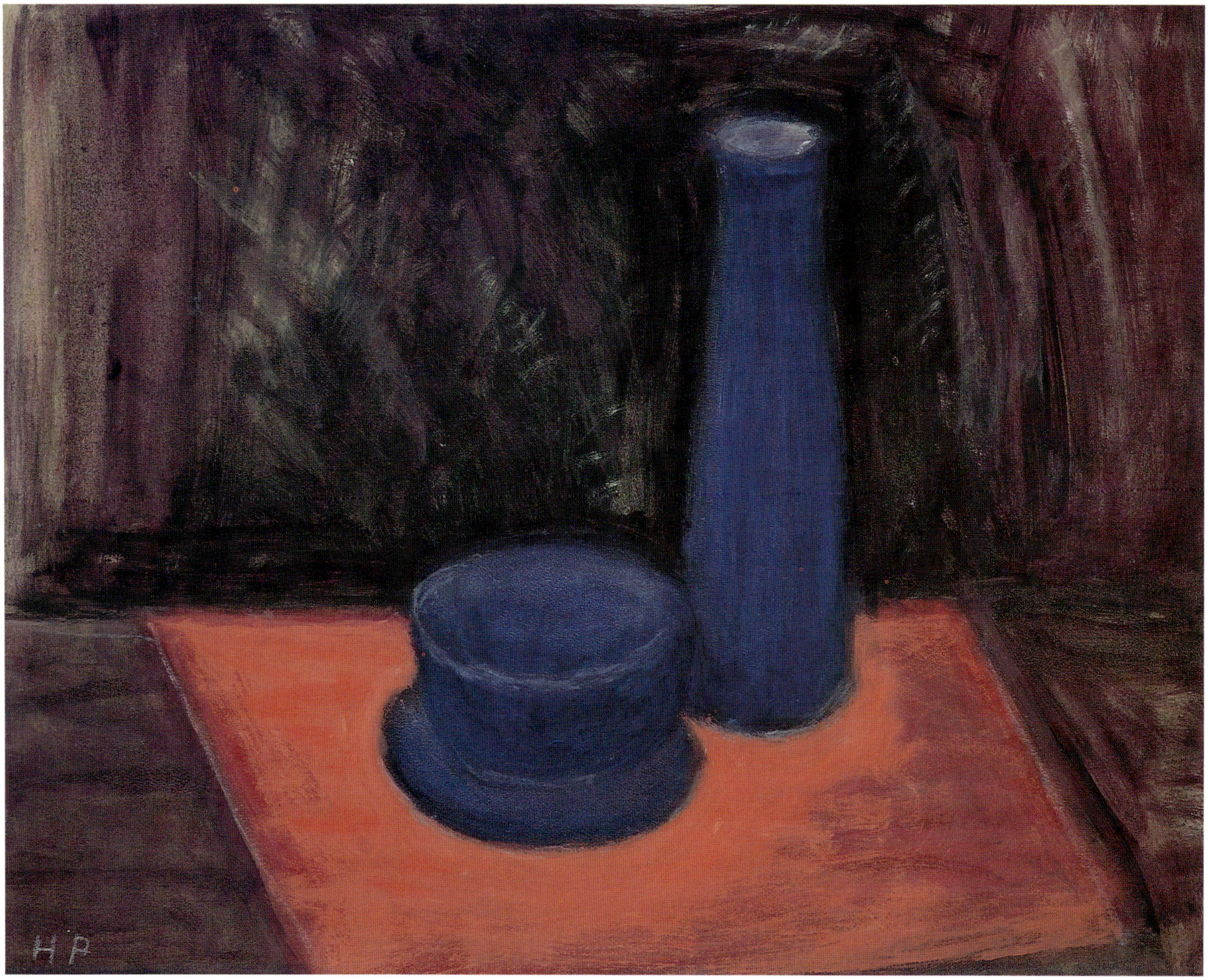
H P

«Über das stille Leben der Formen und Farben: So wie jede Linie zu einer anderen in einer Beziehung steht, ist es auch mit den Farben; jede ruft und antwortet einer anderen.»

Stilles Leben
1973
48,5 x 60 cm
Öl auf Papier

H.P., 1983

**Verzeichnis
Gemälde und Zeichnungen**

Fotonachweis

Gemälde

Seite
- 4 In der Stille
- 6 Italien! (Porto Venere)
- 8 Berganemonen
- 10 Künstlerbildnis 1945
- 12 Selbstbildnis 1922
- 14 Herbstlicht
- 16 Gotik ragt in den Himmel
- 21 Sonnenuntergang mit Schattengebilden am Stockhorn
- 23 Berner Trachtenmädchen
- 25 Dunkles Paar am Meer
- 26 Die zwei Seiten: aktiv und passiv
- 28 Zwischen Hell und Dunkel (Selbstbildnis)
- 31 Im Garten (Meine Familie)
- 35 Weihnachtsfeier
- 36 Gruppe in Blau I
- 39 Selbstbildnis 1921
- 41 Douce soirée
- 42 «Auberge» auf dem Simplon
- 44 Vollmondnacht im Süden
- 47 Die Sonne geht unter
- 48 Sich schützend vor der Aussenwelt (Selbstbildnis)
- 51 Italienerin
- 55 Damengesellschaft, vorwiegend in Weiss
- 57 Bewegte Formen (Selbstbildnis)
- 61 Der Bittende
- 62 Saaltochter
- 65 Blind (Oder: Das unbeschriebene Blatt)
- 67 Harmonische Stimmung, die ein kleines Kind verbreitet
- 75 In der Dämmerung (Walliserin)
- 76 Mondaufgang im Wallis
- 81 Die Greisin (Meine Mutter)
- 83 Schulmädchengruppe in Blau-Violett
- 85 Familiengruppe
- 89 Mit weissem Häubchen
- 91 Nach dem Bade
- 93 Kindliches Spiel
- 95 Zum Spaziergang bereit
- 97 Zwiesprache
- 98 In Gelb und Rosa
- 101 In der Eisenbahn
- 103 Vor dem Fenster
- 105 Die Zukunftsgemeinschaft
- 107 Jugend-Feier
- 109 Sie warten – auf ...?
- 111 Märchenkind
- 117 Käthi
- 119 Emigrantenkind
- 120 Dem Säugling zugewandt II
- 123 Schulmädchengruppe
- 125 Die Schülerin
- 126 In Rot und Grün
- 128 In der Kammermusik
- 131 Heiter in Grün und Rot
- 135 Venedig
- 137 Il tramonto a Venezia
- 139 Die Fahnenstangen auf dem Markusplatz bei Nacht
- 141 Ein Kinderchor singt den «Messias» von Händel
- 142 Das schwarze Mäschchen
- 145 Künstlerbildnis 1952/1954
- 147 In Weiss (Selbstbildnis)
- 149 Standhaft zwischen rechts und links (Selbstbildnis)
- 151 Hell – Dunkel (Selbstbildnis)
- 153 Selbstbildnis 1983
- 156 Stilles Leben

Zeichnungen

- 15 Allee in München
- 17 Knabe mit Bettlaken
- 19 Taormina (Sizilien)
- 22 Verlassen
- 53 Oberhofen
- 69 Schloss Oberhofen und Simmenfluh
- 71 Frau Poeppiz
- 72 Betrachtsam
- 79 Die Greisin (Meine Mutter)
- 87 Auf der Promenade
- 113 Erinnerung an Canet-Plage
- 114 Heidi
- 133 San Giorgio in Venedig
- 134 Venedig
- 148 Selbstbildnis 1974
- 150 Selbstbildnis 1980
- 152 Selbstbildnis 1983
- 155 Selbstbildnis 1976

Fotonachweis

- 2 Mario Tschabold, Steffisburg
- 13 Fotograf(in) unbekannt
- 29 A. Wicky, Bern
- 30 Fotograf(in) unbekannt
- 33 Mario Tschabold, Steffisburg
- 37 Fotograf(in) unbekannt
- 56 Hans Suter, Fahrni
- 58 Peter Friedli, Bern
- 59 Fotograf(in) unbekannt
- 99 Fotograf(in) unbekannt
- 158 Peter Friedli, Bern

Impressum

Das Buch wurde in einer Auflage von 2500 Exemplaren gedruckt.
50 Exemplare erscheinen als numerierte und von den Autoren
signierte Vorzugsausgabe, der eine Bleistiftzeichnung von
Helene Pflugshaupt in einem Passepartout beigelegt ist.
Die Zeichnungen sind rückseitig mit einem Nachlassstempel
versehen; die Echtheit wird mit den Unterschriften
der Nachlassbesitzer bescheinigt.

Der durch die Westiform AG, CH-3172 Niederwangen-Bern,
hergestellte Plexiglasschuber mit eingravierter Numerierung
und dem Monogramm der Künstlerin macht die Vorzugsausgabe
zum Kunstobjekt.

ISBN 3-7272-9648-8

Alle Rechte vorbehalten

Copyright © 1994
Hans Suter, Lueg, CH-3617 Fahrni,
und Peter Killer, Käppel, Ochlenberg, CH-3367 Thörigen
Herausgegeben im Verlag Stämpfli+Cie AG, Bern

Frontispiz: Helene Pflugshaupt im Atelier, Thun, 1982

Konzept und Realisierung: Hans Suter, Fahrni
Buchgestaltung und Schuberdesign der Vorzugsausgabe: Eugen Götz-Gee, ADD, Bern
Art-Reprotechnik: Henzi AG, Bern
Satz und Druck: Gerber Druck AG, Steffisburg
Einband: Buchbinderei Schlatter AG, Bern

Printed in Switzerland